Karlheinz Hecht · Englisch / Sekundarstufe I

Karlheinz Hecht

Englisch/Sekundarstufe I

Unterrichtsplanung und Unterrichtsgestaltung

Band 1: Grundlagen

 Verlag Ludwig Auer Donauwörth

3., durchgesehene Auflage. 1982
© by Verlag Ludwig Auer, Donauwörth. 1974
Alle Rechte vorbehalten
Gesamtherstellung: Druckerei Ludwig Auer, Donauwörth
ISBN 3-403-00**519**-4

Inhaltsverzeichnis

Vorwort 7

I. Kapitel: **Lernziele und Lerninhalte** 9

II. Kapitel: **Linguistik und Englischunterricht** 26
   1. Allgemeine Einführung 26
   2. Relevante Aussagen der Linguistik für den FU 30
   3. Linguistische Grammatikmodelle und pädagogische Grammatik . 46

III. Kapitel: **Psychologie und Englischunterricht** 67
   1. Allgemeine Einführung 67
   2. Entwicklungspsychologie und anthropogene Voraussetzungen . . 69
   3. Verbal Behaviour 87
   4. Lernpsychologie und Motivation 100

IV. Kapitel: **Unterrichtsverfahren** 117
   1. Der Lehrer 117
   2. Der Lernende 120
   3. Die Frage der Methodik 123
   4. Die Gliederung des Lernprozesses 124
   5. Der Unterrichtszyklus und die Organisation der Einzelstunde . . 128

Vorwort zur 3. Auflage

Sieben Jahre sind seit dem Erscheinen der 1. Auflage von „Englisch – Sekundarstufe I, Band 1: Grundlagen" vergangen. Trotzdem sind die wesentlichen Elemente des ersten Bandes auch heute noch genauso einer kritischen Reflexion wert wie damals. Freilich, einiges hat eine gewisse Verschiebung der Gewichtung erfahren: so ist die Orientierungssufe, von der dieser Band spricht, z. Z. in Bayern als schulorganisatorische Vorstellung an den Rand gedrängt, in anderen Bundesländern wurde sie hingegen erst in jüngster Zeit allgemein eingeführt.

Bei den relevanten Aussagen der Linguistik würde heute die „TG-Grammar" eine knappere Darstellung bekommen, dafür wären die Beiträge der linguistischen Pragmatik (Sprechakttheorie) und der Soziolinguistik stärker zu berücksichtigen. Der interessierte Leser sei dafür auf „Englischunterricht konkret" (Donauwörth, 1980) verwiesen.

Bei den sog. *„fachunabhängigen Lernzielen"* hat sich fast überall das Leitziel des kommunikativen Sprachunterrichts, dem dieser Band schon immer verpflichtet war, durchgesetzt. Daß dafür als Vorstufe die Ausbildung fremdsprachlicher Fertigkeiten Bedingung ist, die dann in kommunikative Fähigkeiten einmünden sollen, war auch damals schon ein Anliegen der „Grundlagen".

Im Zuge einer weltanschaulichen Ausweitung von fachunabhängigen Lernzielen (Diskursfähigkeit, emanzipatorischer Sprachunterricht usw.) besteht heute freilich die Gefahr, daß das eigentliche Anliegen des Englischunterrichts, die fremde Sprache als Mittel zum Sprachhandeln und als Mittel zur Texterschließung vefügbar zu machen, aus dem Blick gerät.

Bei allem verständlichen Bemühen, die pädagogische Dimension des Fremdsprachenunterrichts zurückzugewinnen, sollte uns ein Blick zurück auf die Entgleisungen des kultur- und wesenskundlichen Fremdsprachenunterrichts in Deutschland davor warnen, eine Didaktik des Englischunterrichts anzustreben, die ihr wissenschaftliches Selbstverständnis nicht aus der Sprache selbst ableitet. Dabei wissen wir sehr wohl, daß dieser Sprachunterricht für den Lernenden da ist. Wenn auch manchmal die Zerlegung der Unterrichtsplanung in Richtziele, Grobziele und Feinziele als unpädagogisch angegriffen wird, so ist doch festzuhalten, daß erst dadurch ein Fremdsprachenunterricht realisierbar wird, der eine gewisse Vergleichbarkeit und Transparenz garantiert. Darüber hinaus braucht gerade der junge Lehrer eine *Strukturierung* für die Planung des Unterrichts (vgl. das vierte Kapitel der „Grundlagen"), damit sein Unterricht effektiv wird.

Ein *einseitiges* Verlangen nach mehr pädagogischem Freiraum zu Lasten von konkreten Lernzielen könnte Tür und Tor öffnen für irrationale Entwicklungen, die, wie der Blick in die Geschichte zeigt, gefährlich werden können.

Bei den *„fachübergreifenden Lernzielen"* gilt auch heute noch, daß sich Landeskunde, der Umgang mit Texten und Literatur, sowie Sprachbetrachtung dem zentralen Anliegen, die fremde Sprache als Mittel zur Verständigung in Wort und Schrift zu erwerben, unterzuordnen haben. Das *„fachspezifische Lernziel"* die Sprache selbst, bedarf freilich des ständigen Umgangs mit möglichst authentischen Texten sowie der Einblicke und des Verstehens des sozio-kulturellen Umfelds, ohne die Sprache niemals in Sprachhandeln überführt werden kann.

Ebenso zeigt das Abflauen eines reinen audio-visuellen Fremdsprachunterrichts, der sich einseitig einer behavioristischen Lernweise verschrieben hatte, daß für das Lernen einer Fremdsprache im Schulunterricht bestimmte Einsichten in das sprachliche Regelverhalten sowie die Klärung von Redestrategien (Bewußtmachung von Sprachfunktionen und deren Versprachlichung) im Sinne einer Systematisierung von Kenntnissen sinnvoll sind.

Dem Prinzip, eine Polarisierung der Lerntheorien für den Englischunterricht zu vermeiden, weil eben Sprachverhalten sowohl automatisierte Elemente enthält wie auch das Resultat von kognitiven Prozessen ist, wurde im 3. Kapitel der „Grundlagen" schon damals Rechnung getragen.

Das vierte Kapitel dieses Bandes, „Unterrichtsverfahren", kann auch heute noch als Grundlage für eigenständige Unterrichtsplanung angesehen werden. Für differenziertere Vorschläge für einen kommunikativen Fremdsprachenunterricht steht dem Leser das Buch „Englischunterricht konkret" zur Verfügung.

Als Abschluß dieser Vorüberlegungen soll auch für die dritte Auflage der Schlußsatz des Vorwortes zur ersten Auflage dienen: „Wir waren bemüht, bei aller theoretischen Grundlegung des wesentlichsten Partner des Englischunterrichts nicht aus dem Auge zu verlieren: – den Schüler."

Karlheinz Hecht

I. Kapitel

Lernziele und Lerninhalte

Hier gilt zunächst:
- Welchen fachunabhängigen Leit- und Lernzielen (z. B. Ausbildung einer kommunikativen Kompetenz, emanzipatorischer Sprachunterricht) weiß sich der Englischunterricht verpflichtet?
- Welche fächerübergreifende Lernziele sind zu berücksichtigen (z. B. Einblicke in Landeskunde und Literatur, Sprachbetrachtung, Texterschließungstechniken, bestimmte Arbeitstechniken)?
- Welche fachspezifischen Richtziele (Hör- oder Leseverständnis, mündliche oder schriftliche Sprachproduktion) sind in welcher Reihenfolge und mit welcher Qualitätsstufe zu verwirklichen?
- Welches Grobziel (z. B. Verstehen einer bestimmten Textsorte wie „Wetterbericht") steht im Mittelpunkt einer Unterrichtseinheit? Welche Strukturen und welche Redemittel sind dabei wichtig? Wieviel muß der Lernende davon produktiv oder nur rezeptiv beherrschen?

(Vgl. hierzu auch Roberts, R., 1972, 24–229)

Damit verbunden stellt sich als nächstes die Frage, für welche Schüler ein solcher Sprachkurs geeignet ist.
Wir haben hier nicht Raum, die Einzelfragen der allgemeinen Sprachbefähigung zum Erlernen einer Fremdsprache zu untersuchen (vgl. dazu das Problem der „Aptitude Tests" bei Pimsleur[1] und Carroll[2]).
Ganz gleich, wie wir uns entscheiden, wird jeder Lernende je nach seiner Motivation und seinem Begabungsniveau verschieden erfolgreich sein[3].
Der amerikanische Psychologe J. B. Carroll[4] nennt vier Fähigkeiten, die weit mehr als allgemeine Intelligenz etwas zum Erfolg beim Erlernen einer Fremdsprache beitragen:
1. Phonetisches Kodieren: d. h. die Fähigkeit, Laute zu unterscheiden, sie über einen Zeitraum hin zu behalten, sie wiedergeben zu können.
2. Grammatische Sensitivität: d. h. die Fähigkeit, die grammatischen Funktionen von Wörtern im Satzgefüge zu erfassen.
3. Induktives Sprachlernen: d. h. die Fähigkeit, linguistische Formen aus neuen sprachlichen Texten selbständig zu erschließen.

---

1 Pimsleur, Paul: Language Aptitude Testing. In: Language Teaching Symposium, A. Davies (ed.), 1968
2 Carroll, J. B., and Sapon, St. M.: Modern Language Aptitude Test, Form A. New York: The Psychological Corporation, 1958, 1959
3 Vgl. dazu: Wieczerkowski, W.: Erwerb einer zweiten Sprache. In: Focus '80, 1972, S. 76—93
4 Carroll, J. B.: Use of the Modern Language Aptitude Test in Secondary Schools. In: Yearbook National Council Measurement in Education, 16, 1959, S. 155—159

4. Mechanisches Gedächtnis für fremdsprachliches Material: d. h. die Fähigkeit, eine große Zahl von neuen Assoziationen in kurzer Zeit zu erlernen und über längere Zeit hinweg zu behalten.

Nachdem sprachliche Eignungstests bislang noch keine allzu große Vorhersagekraft haben, werden wir zunächst mit allen Kindern den Fremdsprachenunterricht undifferenziert beginnen.
Aber welches Leitziel sollen wir uns aus dem Katalog von Zielen aussuchen?
Die Auswahl hat — soweit es um den Englischunterricht an Schulen geht — der Lehrplan bereits getroffen. Es ist zu hoffen, daß diese Wahl eine überlegte und richtige war.
Der Lehrplan sollte ein klares Leitziel setzen, das nicht aus einer Fülle von „Sowohl-als-auch"-Konstruktionen besteht. Wenn er sich — wie dies in der Vergangenheit oft der Fall war — an den Lerninhalten orientiert, wird sich für den konkreten Einzelfall ein linguistisches Lernziel ergeben; z. B., die Schüler sollen den „Saxon Genitive" beherrschen. Allgemein gefaßt bedeutete dies, daß die Schüler grammatikalische Kategorien oder Satzstrukturen lernten, wobei der kommunikative Aspekt zu wenig berücksichtigt würde.
Wenn der Lehrplan sich jedoch an der *Aufgabe* der Sprache[5] — also am *Kommunikationsmodell*[6] — orientiert, wird das Lernziel einer bestimmten Unterrichtseinheit die Entwicklung einer *kommunikativen* Fähigkeit sein.
Statt also den oben zitierten „Saxon Genitive" als Lernziel zu postulieren, wird jetzt die Lernzielangabe ungefähr so lauten: die Lernenden sollen in der Lage sein, über Besitzverhältnisse Aussagen zu machen und Fragen zu stellen.
Aus dem übergreifenden Leitziel „unmittelbare Kommunikation in der Zielsprache" wird sich für die einzelne Unterrichtseinheit als *Grobziel* eine bestimmte kommunikative Fähigkeit im Blick auf einen bestimmten kommunikativen Bereich ergeben.
Es ist im übrigen klar, daß jeder kommunikative Bereich[7] eine Fülle von sprachlichen Möglichkeiten miteinschließt; sprachliche Verhaltensweisen, die es z. B. mit der Aussage über Besitzverhältnisse zu tun haben, können entsprechend variieren:

---

[5] Natürlich ist die sprachliche Verständigung *nicht* die *einzige* Funktion der Sprache. Sprache kann auch benützt werden als Medium des Denkens; oft bedienen wir uns der Sprache, um unsere Vorstellungen von einem Phänomen mit Hilfe der sprachlichen Mittel herauszuarbeiten, ohne daß wir dabei sonderlich die Reaktionen der anderen im Auge haben (z. B. das Selbstgespräch). Auf der anderen Seite vermögen wir gewisse Vorstellungen überhaupt nicht in Worte zu fassen (vgl. F. Kainz: Psychologie der Sprache, Stuttgart 1960²; A. Martinet, 1955; F. Brunot, 1926). Trotz dieser Überlegungen bleibt die *Kommunikation* die *grundlegende Funktion* der Sprache, schon deshalb, weil Sprache nur in einer Gemeinschaft entstehen und sich entwickeln kann.
[6] Das sog. „Kommunikationsmodell" wird gesondert im III. Kapitel untersucht.
[7] Hier einige Beispiele für kommunikative Bereiche, die grundlegende Sprachfunktionen implizieren: imparting and seeking factural information; expressing and finding out intellectual attitudes / emotional attitudes / moral attitudes; getting things done; socializing.

This is Jack's car. Jack has got a car.
This car belongs to Jack.
Look, that is his car.
It's his, it isn't mine.

Konkret bedeutet dies, daß wir so, trotz der unterschiedlichen Situation auf der Hauptschule und dem Gymnasium, *gemeinsame Lernziele* für die ersten Lernjahre erstellen können.

Im Mittelpunkt unseres Unterrichts stehen als Lernziele nicht mehr sprachliche Kategorien und deren Satzbaumuster — diese werden jetzt den *Lerninhalten* zugewiesen —, sondern die kommunikativen Fähigkeiten. Kommunikative Fähigkeiten sind also jene sprachlichen Fähigkeiten („abilities") und Fertigkeiten („skills"), über die der Lernende verfügen muß, um in einer bestimmten Situation Mitteilungen („utterances") zu verstehen und eigene Absichten („intentions") sprachlich umzusetzen (sei es mündlich oder schriftlich).

Wesentlich ist, daß *jeder* Schüler, ganz gleich, welche Schule er besucht oder welchem Leistungskurs er angehört, bestimmte kommunikative Bereiche sprachlich meistern kann, ohne von vornherein elaborierte, d. h. anspruchsvolle sprachliche Formen bewältigen zu müssen.

Diese können bei den Lerninhalten nach Fundamentum und Additum aufgegliedert werden.

Innerhalb des Fundamentum kann dann wieder nach elementaren Rollen unterschieden werden, die von allen zuerst aktiv gemeistert werden ($= F_1$-Bereich).

Von dieser gemeinsamen Ausgangsposition aus gehen wir zu linguistischem Material über, das bereits gewisse Schwierigkeiten in sich birgt ($= F_2$-Bereich). Das Fundamentum (F_1 und F_2) umschließt also jene sprachlichen Mittel, die wir als einfach (im Sinne der Lernpsychologie) *oder* als häufig (im Sinne der Linguistik) bezeichnen. Diese Definition darf nicht darüber hinwegtäuschen, daß das, was wir als „häufig" bezeichnen, nicht immer gleichzusetzen ist mit dem, was für den deutschsprachigen Schüler als einfach ($=$ „leicht") einzustufen ist. Formen wie „I've got a book. Have you got a book?", sind typisch für die englische Alltagssprache; Formen wie „I have a book. Have you a book?" sind aufgrund des positiven Transfer vom Deutschen als leicht einzustufen, müssen aber als nicht typisch für das gesprochene Englisch abgelehnt werden.

Bestimmte Sprechsituationen lassen aber den Wunsch nach mehr Nuancen aufkommen. Hier stoßen wir in den Bereich des Additum ($= A_1$-Bereich) vor.

Schließlich gibt es gelegentlich noch sprachliche Formen ($= A_2$-Bereich), die wir als elaboriert bezeichnen und die von einem Teil der Schüler auch in der Muttersprache nicht aktiv beherrscht werden (z. B. Nebensätze mit obgleich u. ä.). Hier handelt es sich um Material, das nicht mehr für alle Lernenden verbindlich ist.

Das Additum (A_1 und A_2) umfaßt also jene sprachlichen Mittel, die es dem Schüler gestatten, nuanciertere und differenziertere Aussagen zu machen oder zumindest diese zu verstehen.

Hier kann es sich bereits als notwendig erweisen, zwischen „produktiven" Fähigkeiten (früher oft als „aktive" bezeichnet) und „rezeptiven" („passiven") Fähigkeiten zu unterscheiden. Freilich wird diese Unterscheidung nicht so sehr für die beiden ersten Lernjahre im Fremdsprachenunterricht relevant sein, sondern erst für die Klassen 7—9 der Hauptschule.

Dieser Ansatz erlaubt bei gemeinsamen Lernzielen eine Differenzierung im Klassenverband („Binnendifferenzierung"), da die kommunikativen Fähigkeiten auf *verschiedenen* sprachlichen Ebenen verwirklicht werden können.

Der Richtzielbereich umfaßt also die Ausbildung in den 4 Grundfertigkeiten (Hörverstehen, Sprechen, Textverstehen, Schreiben), die es einmal dem Sprechenden/Schreibenden erlauben, eine Mitteilung dem Partner zukommen zu lassen, die dieser verstehen kann. Hier handelt es sich um die sog. „productive skills", also um das, was wir im allgemeinen mit Sprechen und Schreiben bezeichnen.

Ebenso ist es das Ziel unseres Sprachunterrichts, daß der Lernende in die Lage versetzt wird, in alltäglichen Situationen als „Empfänger" eine Mitteilung aufzunehmen und zu verstehen. In diesem Fall geht es um die sog. „perceptive skills", also um das verstehende Hören und Lesen.

Es ist jetzt an der Zeit, die sprachlichen Fähigkeiten etwas genauer zu beschreiben.

Als „Empfänger" einer sprachlichen Mitteilung müssen mir folgende „skills" zur Verfügung stehen:

1. Ich muß in der Lage sein, mit Hilfe von *visuellen oder auditiven Fertigkeiten* die Botschaft aufzunehmen (das gehört zu dem Richtzielbereich: Lesen und Hören; hier spricht die Fachdidaktik von „perceptive skills". Corder, S. Pit, 1966, S. 8).
2. Ich muß dann in der Lage sein, mit Hilfe von *analytischen Fähigkeiten* die Einheiten von Lauten, Wörtern und Strukturen zu unterscheiden und zu analysieren.
3. Ich muß schließlich befähigt sein, diese Teilelemente im Blick auf Situation, Stimmung und Rollenspiel zu verstehen. Hier sprechen wir von den rezeptiven *semantischen* Fähigkeiten.

Als „Sender" einer sprachlichen Mitteilung müssen mir nachfolgende „skills" zur Verfügung stehen:

1. Ich muß fähig sein, mit Hilfe von *motorischen* Fähigkeiten (artikulatorische und manuelle), meine Aussage in Laute bzw. Buchstaben umzusetzen.
2. Ehe das geschehen kann, müssen mir *generative* Fähigkeiten zur Verfügung stehen, die mich in die Lage versetzen, akzeptable Wortketten in passenden Strukturen (grammatikalische wie intonatorische) anzuordnen.
3. Bevor dies wiederum geschehen kann, muß ich über bestimmte *produktive semantische* Fähigkeiten verfügen, die mir initial sagen, welche sprachlichen Äußerungen der Sprechsituation angemessen sind. Dazu ein einfaches Bei-

spiel: Die sprachlichen Äußerungen „Hi"/„Hello"/„Good afternoon" sind richtig wiedergegeben akzeptable Ergebnisse der Fähigkeiten Nr. 1 und Nr. 2; aber erst die Fähigkeiten, wie wir sie bei Nr. 3 beschrieben haben, ermöglichen es mir, sie richtig nach Situation, Absicht und Rolle auszuwählen und somit die kommunikative Aufgabe zu lösen.

Es ergibt sich also folgende hierarchische Anordnung von „skills", die zur Bewältigung jeder kommunikativen Aufgabe nötig sind:

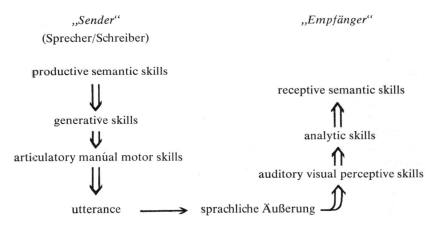

Im Anfangsunterricht einer Fremdsprache wird es das Richtziel sein, die verschiedenen „skills" so zu üben, daß der Lernende die Fähigkeit erwirbt, in alltäglichen Situationen die entsprechende kommunikative Rolle zu bewältigen.
Diese Zielvorstellung wird im Unterricht die Fehlerbewertung entscheidend beeinflussen:
Jede Sprachäußerung ist noch akzeptabel, solange sie gewährleistet, daß die Mitteilung vom Gesprächspartner (der als native listener angenommen werden muß) verstanden wird. Jeder Fehler bei Aussprache, Grammatik und Wortschatz ist als noch tragbar anzusehen, solange ein „native listener" die Mitteilung verstehen würde. Dieses Prinzip gilt insbesondere für jene Übungsphasen, in denen es in erster Linie um Kommunikation in der Fremdsprache geht (Dialoge, kurze Briefe etc.).
Hier sollte der Lehrer im Interesse der Lernmotivation und der Erhaltung der Freude am Sprechen in der Fremdsprache erst dann korrigierend eingreifen, wenn die Verständigung gefährdet ist oder durch ständige Wiederholung die Gefahr besteht, daß sich falsche Sprechgewohnheiten entwickeln und festigen.
Wichtig ist, daß jeder Schüler durch unseren Unterricht befähigt wird, in alltäglichen Situationen seine eigenen Absichten auszudrücken und die Äußerungen der Gesprächspartner zu verstehen, ohne daß er selbst von vornherein schon *komplizierte* sprachliche Formen anwenden muß.

Dieser Tatbestand weist jedoch auf eine weitere Differenzierung bei unseren Lernzielen hin:

Der Lernende braucht für seine „aktive" Rolle (also bei den „productive skills") im Minimalfall nur über das Fundamentum und nicht über das, was wir als Additum bezeichnet haben, zu verfügen.

Anders liegt die Sache bei den „receptive skills". Hier ist klar, daß der Empfänger den Sprecher bzw. den Schreibenden nicht zwingen kann, sich nur in jenem „restricted code" (also mit einem recht begrenzten Vorrat an sprachlichem Material) auszudrücken, das ihm angemessen wäre. Hier muß also der Lernende so weit gefördert werden, daß er mehr versteht (d. h. also auch einen gewissen Bereich des Additums), als er selber sprechen kann.

Dies bedeutet, daß unser Sprachunterricht nicht nur das freie Sprechen fördern, sondern in demselben Maße auch das Hörverständnis schulen muß; dies schließt mit ein, daß der Lernende manches aus dem Zusammenhang „erraten" soll, daß wir ihm Mut machen, auch dann noch zuzuhören, wenn er nicht jedes Wort, jede Struktur sofort versteht. „The art of skilful guessing" ist eine Fertigkeit, deren Entwicklung gerade unser *einsprachiger* Unterricht begünstigt.

Ob wir bei den einzelnen Grobzielen neben der Differenzierung nach einfachem und anspruchsvollem sprachlichem Material auch noch nach „stilistischen Registern" („stylistic registers") unterscheiden sollen, hängt von der Begabung unserer Lernenden ab.

L. G. Alexander führt in einem Beitrag in der Zeitschrift „Zielsprache Englisch" (Heft 4, 1973, S. 5) folgendes Beispiel an:

Let us suppose that the operation we are setting out to teach is „Asking for further clarification". Here are some behavioural strategies which would be applicable:

1 Excuse me, but would you mind (   )?
2 I'm afraid I don't quite follow. What do you mean by (   )?
3 Sorry, I don't quite understand. It depends what you mean by (   ).
4 What exactly do you mean by (   )?
5 It depends what you mean by (   ).
6 Can you explain (   )?
7 How can you expect me to understand (   )?
8 What (the dickens/blazes/hell) do you mean by (   )?
9 I don't understand (what the devil) you're talking about. What (   )?

1—3 are polite registers; 4—6 are neutral registers; 7—9 are impolite registers.

Für die durchschnittliche Lerngruppe empfiehlt es sich, ein möglichst neutrales Register auszuwählen. Viele unserer Schüler wären überfordert, wenn neben Richtigkeit im phonetischen, strukturellen und allgemeinen lexikalischen Bereich noch als zusätzliche Aufgabe die absolute Stimmigkeit im Hinblick auf soziale Rolle und affektive Nuancierung gefordert würde.

Man kann diesen Kompromiß als fragwürdig bezeichnen und darauf verweisen, daß das Meistern einer bestimmten Situation sprachlich nur dann als bewältigt angesehen werden kann, wenn wir dem Lernenden verschiedene Register als Verhaltensweisen anbieten; denn gerade diese Forderung hat — dies muß zugegeben werden — die bisherige Art des „situativen Lernens" nicht erfüllt.

Weil Sprache nicht das „boundless chaos" ist, wie Ben Johnson meinte, und weil die Grundstrukturen der alltäglichen Situation nicht so unvoraussagbar sind, wie wir oft meinen[8], deshalb ist das Auswendiglernen von Dialogen mit möglichst neutralen Registern *im Anfangsunterricht* gerechtfertigt. Da wir aber auch an den Transfer in echten Sprechsituationen denken sollten, müssen wir den Lernenden befähigen, das sprachliche Material entsprechend abzuwandeln, um später selbständig damit umgehen zu können.

Mit welchen Lerngruppen freilich dieses Ziel zu realisieren ist, muß die Praxis erst noch zeigen; Sprache ist leider ein so komplexes Phänomen, daß wir nicht in der Lage sind, Endgültiges über den Sprachlernprozeß heute auszusagen; und alle Theorien müssen erst einmal in der Praxis erprobt werden, d. h. Lernziele müssen in der Zukunft einer laufenden Revision unterworfen werden.

Wir sollten also im Auge behalten, daß die Sprechsituation unter einem sehr breiten Aspekt gesehen werden muß; sie umfaßt nicht nur Sprecher, Gesprächspartner, Raum und Zeit, sondern auch frühere sprachliche Äußerungen und Erfahrungen, sowie den Gesamteindruck, den der Sprecher vom Gesprächspartner hat. Sprachliche Kommunikation bedeutet zwar auch, daß der Lernende über die Sprachsysteme (also Lexis, Grammatik, Phonetik und Semantik) verfügen muß; sie geht aber darüber hinaus: sprachliche Kommunikation ist ebenso eine soziale Leistung, sie ist demnach durch *soziolinguistische Kategorien* determiniert.

Während sich die Psycholinguistik (s. Kapitel 2) mit den Prozessen des Verschlüsselns und Entschlüsselns einer sprachlichen Äußerung durch das Individuum beschäftigt, konzentriert sich die Soziolinguistik auf die kommunikative Absicht, die soziale Rolle, den Handlungsrahmen und die affektiven Bereiche.

Über den üblichen situativen Sprachunterricht hinausgehend, der die Situation nur zur Einbettung bestimmter grammatikalischer Satzbaumuster benutzte, und für den situatives Üben hauptsächlich ein reines *Performanztraining* (Training der aktiven Sprachtätigkeit) war, soll in einem sozio-linguistisch orientierten Sprachunterricht der Lernende auch eine *kommunikative Kompetenz* (also eine Sprachfähigkeit, mit der er kreativ operieren kann) erwerben. Dieses *Leitziel* läßt freilich zu, daß auf der Stufe der Durchführung (Operationalisierung) Dialoge auswendig gelernt werden; nur werden wir in Zukunft diese gebundene Sprachübung als Durchgangssituation auffassen und dafür sorgen, daß die in den Dialogen enthaltenen Rollen dem Mitteilungsbedürfnis der Schüler entsprechen, und somit als realistisch und glaubwürdig anzusehen sind. Vor allem wer-

---

[8] Siehe zu diesem Aspekt die Stellungnahme von J. Firth (1964)

den wir dabei dem Lernenden zeigen, wie er mit Hilfe des Dialogs das Sprachmaterial so modifizieren kann, daß es seinen Wünschen entspricht.
Diese kommunikative Kompetenz stellt unser globales Lernziel für die Sekundarstufe I dar.
Hans E. Piepho hat dies so definiert:

„Die Ausprägung kommunikativer Fertigkeiten als globales Lernziel bedeutet in der didaktischen Realisierung die Entwicklung der sprachlichen Kompetenz zur Bewältigung definierter sozialer Rollen. Sprachliche Kompetenz ist weit mehr als das Auswendiglernen sprachlicher Mittel in Situationen. Die Schüler sollen vielmehr mit regsamen und richtig produzierbaren Registern und Systemen ausgestattet werden, mit denen sie sich psychologisch treffend und „gesellschaftlich" angemessen in Situationen bewähren.
Diese Bewährung bedingt die Fähigkeit, sowohl die angemessenen Mittel parat zu haben wie persönliche Bedürfnisse und Absichten äußern zu können."
Piepho, H. E.: Sprachtheoretische und pragmatische Grundlagen der didaktischen Differenzierung im Englischunterricht an Gesamtschulen und Orientierungsstufen. In: Schriftenreihe des Pädagogischen Instituts der Landeshauptstadt Düsseldorf, Heft 2, Nov. 72, S. 7/8.)

Das heißt also konkret, der Schüler muß für eine bestimmte Sprechsituation die *soziale Rolle* (z. B. als Tourist, als Kunde) durchschauen und übernehmen, er muß die kommunikative Absicht („verbal purpose") erkennen und verbalisieren (z. B. sich informieren, sich beschweren), er muß lernen, in einem bestimmten Handlungsrahmen (domain) zu agieren, der festgelegt ist durch Ort, sozialen Status, Alter und Geschlecht der Sprechenden, wobei ihm noch gewisse „Attitüden" (z. B. emotionaler Art wie Furcht, Abneigung, Scheu) als Register zur Verfügung stehen sollten.

Dieses Leitziel bedeutet zwar ein erhebliches Maß an Mehrarbeit für den Lehrer und stellt neue Forderungen an den Lernenden; aber ein Unterricht nach diesem Leitziel wird für den Schüler entsprechend *motivierend* sein, etwas, was der nur nach „patterns" ausgerichtete Sprachunterricht höchst selten war. Jetzt erfährt der Schüler, daß er mit der zu lernenden Sprache etwas tun kann, was seinen eigenen kommunikativen Bedürfnissen entspricht.

Christopher Candlin formulierte dies so:

„Vom Standpunkt der Curriculum-Forschung aus sollten wir uns eher auf Lehrpläne konzentrieren, die nach semantischen Gehalten kommunikativer Absichten geordnet sind, als auf die konzentrische Durchnahme der englischen Grammatik. Man möge daher beachten, daß ich hier nicht behaupte, daß der Lernende bloß gedrillt werden soll, von anderen bestimmte sprachliche Ausdrücke für bestimmte definierte Situationen wörtlich zu übernehmen, sondern daß wir ihm darüber hinaus sprachliches Material geben, das situativ geordnet ist; dieses soll er so assimilieren, daß er in der Zukunft *neue* sprachliche Äußerungen *selbst* bilden kann, die *seinen* kommunikativen Notwendigkeiten entsprechen."
(Auszug aus einem Vortrag von Professor Christopher Candlin bei der 4th conference of the IATEFL, London, January 1971, Übersetzung und kursive Hervorhebung vom Verfasser.)

Es wäre nun interessant aufzuzeigen, wie dieser soziolinguistische Aspekt letztlich nichts völlig Neues ist; er hat sich seit den zwanziger Jahren in der Form des britischen Kontextualismus durch unser Jahrhundert hindurch entwickelt; J. R. Firth[9], S. Pit Corder[10], M. West[11] und A. S. Hornby[12] wären hier zu würdigen. Was bedeutet nun dieses soziolinguistische Leitziel konkret für die Unterrichtsplanung?

Hier ein Beispiel:

Richtziel: Sprechfertigkeit
Grobziel: Forderung, Aufforderung, Angebot (= kommunikativer Bereich)
Feinziel: Fähigkeit, einen eigenen Wunsch zu äußern,
z. B. a glass of water

Lerninhalt:

F 1	a...... some...., please another.... give me...
F 2	I'd like a....
A 1	Can I have... Hand me.... please
A 2	Can you pass me... May I have a... I could do with a ... etc....

Noch eine kurze Erklärung zu den *Richtzielen:* der Richtzielkatalog umfaßt, wie wir bereits gesehen haben, die vier Grundfertigkeiten (listening, speaking, reading, writing). Für die Sekundarstufe I bleibt dabei Hören und Sprechen immer im zentralen Mittelfeld unseres Unterrichts. Bei der genaueren Definierung dieser „skills" konnten wir bereits feststellen, daß es hier um psychomotorische, kognitive und affektive Bereiche geht.

Wenn wir also „nur" von den vier sprachlichen Fähigkeiten sprechen, so umschließt dieses Richtziel jeweils den affektiven, den kognitiven und den psychomotorischen Bereich: Um zu sprechen, muß der Lernende im affektiven Bereich die Bereitschaft haben, die englische Sprache als Verständigungsmittel zu akzeptieren, er muß dabei die Andersartigkeit dieser Sprache anerkennen, er sollte bereit sein, trotz begrenzter Kompetenz diese Sprache zu benützen und dies so

---

9 Firth, J. R., 1964, Chapter III: The Technique of Semantics
10 Corder, S. Pit (1960)
11 West, M.: Learning English as Behaviour. Repr. in: H. B. Allen (ed.), 1965
12 Hornby, A. S.: The Situational Approach in Language Teaching. In: H. B. Allen (ed.), 1965

oft wie möglich; er sollte die Geduld aufbringen, durch wiederholtes Nachahmen und Üben die nötigen Fertigkeiten zu erwerben und sie in verschiedenen Rollen zu realisieren. Schließlich erwarten wir vom Lernenden die Toleranz, das Andersartige der neuen Sprachgemeinschaft zu akzeptieren, und die Bereitschaft, mit englisch sprechenden Ausländern ins Gespräch zu kommen und somit zur gegenseitigen Verständigung mit Hilfe der englischen Sprache beizutragen.

Wir erwarten im *kognitiven Bereich* ein bestimmtes Grundwissen (im Blick auf Wortschatz und Strukturen) und ein gewisses Maß an Einsicht in bestimmte Bereiche der sprachlichen Systeme.

Wir erwarten im *psychomotorischen Bereich,* daß der Lernende gesprochenes und geschriebenes Englisch der Alltagssprache verstehen kann. Wir erwarten bei den produktiven Fähigkeiten — insbesondere beim Sprechen — daß er auf der Stufe der bewußten Reproduktion Dialoge und Satzbaumuster nachahmen kann, daß er bestimmte sprachliche Verhaltensweisen *internalisieren* wird (wobei ihm kognitive Analysen dann gegeben werden, wenn diese eine wirkliche Lernhilfe darstellen) und daß er dieses sprachliche Material schließlich modifizieren kann, um zu dem Punkt zu gelangen, wo er in der Lage ist, sprachlich selbständig, also kreativ zu agieren.

Die allgemeine Taxonomie der Lernziele, die vom Wissen über das Können, von dort zum Erkennen und schließlich zum Werten führt, ist also auch für den Englischunterricht der Sekundarstufe I relevant:

Die Lernenden verstehen das sprachliche Material und assimilieren Form und Bedeutung: ▶ Stufe des Wissens.

Sie lernen durch Einsicht und Gewöhnung das Gelernte zu reproduzieren: ▶ Stufe des Könnens.

Strukturen und Idiome werden eingeprägt bzw. analysiert; Automatismen werden ausgebildet: ▶ Stufe des Erkennens.

Je nach Sprechanlaß, Rolle und situativem Rahmen wird sprachliches Material adäquat selektiert und eine kommunikative Aufgabe gelöst: ▶ Stufe des Wertens.

Wenn wir auch im Richtzielbereich für den Englischunterricht der Sekundarstufe I das Hören und Sprechen (wobei auf ein angemessenes Tempo, auf Bindungen, *Schwachtonformen* und richtige Intonation zu achten ist) in den Mittelpunkt stellen[13], so werden wir dennoch auch auf verstehendes, d. h. sinnentnehmendes Lesen und auf das Schreiben nicht verzichten. Die Ausbildung der Lese- und Schreibfähigkeit ist aus fünf Gründen für *alle* Schüler notwendig:

1. Der Primat des Mündlichen[14] darf nicht darüber hinwegtäuschen, daß das Schriftbild als Lernhilfe dient; viele unserer Schüler sind durch Vorbildung

---

13 Die Annäherung an authentisches Umgangsenglisch (near-nativeness) sollte nur *maßvoll* je nach unterrichtlichen Gegebenheiten erfolgen.
14 Vgl. Hüllen, W. (1971), S. 174—188

und Umwelt auf den visuellen Support beim Lernvorgang angewiesen: das Schriftbild hilft, den kontinuierlichen Lautstrom der gesprochenen Sprache in Sinneinheiten zu segmentieren.
2. Die Diskrepanz zwischen Schriftbild und Klangbild ist im Englischen nicht so stark, wie es auf den ersten Blick hin scheint; Arnold und Hansen[15] weisen in ihrem Buch darauf hin, daß nur etwa 10% der Wörter echte Ausnahmen darstellen. Bei ca. 90% des englischen Wortschatzes lassen sich sehr wohl Regeln über das Verhältnis von Rechtschreibung und Aussprache aufstellen. Vor allem das *Konsonantengerüst* der englischen Wörter stellt auch für deutsche Schüler eine verläßliche Lernhilfe dar.
3. Gerade das begleitende Lesen nach dem Motto „Read — Look up — Speak" ist eine Stütze und eine methodisch notwendige Übungsphase (vgl. Dodsons empirische Versuche[16]) zum freien Sprechen, sie ist weiterhin, vorab für das Gymnasium, eine nicht wegzudenkende Überleitung zum produktiven Lesen. Aber auch gerade für die Hauptschule bedeutet eine Geringschätzung des Lesens nur eine *Erschwerung* des Lernvorgangs (vgl. Heuer[17]).
4. Das Lesen und Schreiben stellen für Lehrer *und* Schüler einen willkommenen Wechsel der Tätigkeiten dar und wirken motivationsfördernd. Rein mündlicher Unterricht strengt Lehrer und Schüler in erheblichem Maße an, da er schnelle Reaktionen und hohe Konzentration verlangt. F. L. Dash beschreibt diese Tatsache, die dem erfahrenen Sprachlehrer längst vertraut ist, in seinem Essay „Fifty Years of Progress in Modern Language Teaching"[18] so:

„There are two assumptions made by the ‚progressive' school which I believe to be false: one is that the less gifted the pupil, the more easily will he take the oral methods of instruction. Only teachers who have tried the Direct Method both with A and C classes will be able to appreciate the fallacy of this belief. It is on a par with that other common error which consists in supposing that a child who is backward in academic studies must necessarily be good at practical subjects.
The other misconception is that all children at all times prefer oral to written work. I have never forgotten my surprise when a boy said to me, after yet another lesson devoted to the performance of amusing German playlets: ‚Oh, sir, when can we get on with a bit of grammar?' "

Ebenso muß allerdings festgehalten werden, daß übermäßiges Betonen der orthographischen Fertigkeiten eine Motivationshemmung bewirkt.
5. Lesen und Schreiben sind auch in der Fremdsprache wichtige Kommunikationstechniken. Dazu schreibt David Abercrombie[19] sehr treffend:

„It may be true that the spoken language plays quantitatively the more important part in the everyday life of the majority of us; it is not therefore qualitatively more important. Moreover, however great the use that a student

---

15 Arnold, R., und Hansen, K. (1967)
16 Dodson, C. J. (1967)
17 Heuer, H. (1970)
18 In: Advances in the Teaching of Modern Languages. B. Libbish (ed.) 1964, S. 103—104
19 Abercrombie, D. (1963³), S. 22—23

makes of the spoken form of his mother tongue, in the language he is learning he may not need the spoken any more than the written — indeed, he is quite likely to need the latter more."

Und er fährt fort:

„It should, I think, be recognized that the spoken and the written languages are of equal importance, and any emphasis placed, in language teaching, on one rather than the other will be for pedagogical reasons rather than because of any ‚natural' superiority."

Wir haben bislang für den Englischunterricht der Sekundarstufe I das *Leitziel* und die *Richtziele* definiert und interpretiert; wir haben versucht herauszustellen, worum es bei den Grobzielen geht; jedes davon wird unter dem Stichwort „Kommunikativer Bereich" die Lernzielangabe für eine Unterrichtssequenz darstellen. So z. B. wird der kommunikative Bereich — „Fähigkeit, über Besitzverhältnisse sprechen zu können" — eine Reihe von Englischstunden umschließen. Das *Feinziel einer* bestimmten Unterrichtseinheit ergibt sich aus der Präzisierung des Grobziels (also z. B.: Die Schüler sollen fähig sein, über Personen und deren Besitzverhältnisse sprechen zu können. Lerninhalt: Saxon Genitive).

Bei den Lerninhalten finden wir jeweils die linguistischen Strukturen und Idiome, die als sprachliche Mittel differenziert angeboten werden; diese brauchen wir, um die Sprechanlässe (= Situationen), die sich zum jeweiligen Kommunikationsbereich anbieten (z. B. Geschenke bei einer Geburtstagsparty mit dem Schenkenden identifizieren können) sprachlich gestalten zu können.

Diese „Sprechanlässe" führen uns mitten hinein in die Phase der *Operationalisierung* (d. h. in den eigentlichen Unterrichtsvorgang).

Allgemein läßt sich sagen, daß die Operationalisierung der neuen Lernziele andere Phasen des Lernvorgangs als bisher bedingt:

Als erstes werden jetzt die Elemente einer Sprechsituation nach Sprechabsicht und psychologischer Einstellung für den Lernenden durchschaubar gemacht;

als zweites werden bestimmte soziokulturelle Einsichten (Rolle, Status der Handelnden) vermittelt;

als drittes erfolgt die didaktische Simulation des Redeanlasses;

als viertes geht es um das Begreifen und Übernehmen der linguistischen Fähigkeiten;

als fünftes werden die verbalen Verhaltensweisen bestätigt und gefestigt.

Die Operationalisierung *eines* Lernvorgangs wird abgeschlossen durch die *Lernzielkontrolle*. Diese darf nicht mit der Leistungskontrolle (z. B. einer Schulaufgabe, einem Test) verwechselt werden. Die Lernzielkontrolle kann aus Fragen bestehen, sie kann ein Lückentext, eine Zuordnungsübung usw. sein und soll aufzeigen, wie erfolgreich der Lernvorgang war. Sie ist für die Schüler, aber insbesondere für den Lehrer eine Kontrolle über die Effektivität des Lern- bzw. Lehrvorgangs.

Fassen wir zusammen:
Für die Planung einer Unterrichtseinheit im Englischunterricht ergibt sich folgender Raster:
1. Jedes Ziel einer Unterrichtseinheit wird sich nach dem globalen Leitziel ausrichten. Der Lehrer wird sich fragen müssen, inwieweit die geplante Unterrichtseinheit hilft, das Englische als *unmittelbares* (also weitgehend unter Ausschluß der Muttersprache) *Mittel zur Kommunikation* zu erwerben.
2. Aus dem Richtzielkatalog werden eine oder zwei der dort aufgeführten „primary skills" ausgewählt.
3. Ein spezifischer kommunikativer Bereich (z. B. Eigenschaften und Gewohnheiten) gibt uns den Rahmen für eine größere Unterrichtssequenz. Aus diesem Grobzielbereich werden eine Reihe von Feinzielen herausgearbeitet, von denen eines in der geplanten Unterrichtseinheit erarbeitet wird (z. B.: Fähigkeit, Eigenschaften zu benennen, oder Fähigkeit, über Gewohnheiten zu sprechen).
4. Der *Lerninhalt* stellt die sprachlichen Mittel bereit, aufgegliedert nach Fundamentum und Additum, die die *differenzierten* Möglichkeiten darstellen, einen bestimmten „speech-event" kommunikativ zu meistern. (Solche *Sprechanläße* können bei unserem Beispiel sein: Jemand möchte eine Person/einen Gegenstand genau beschreiben; Personen oder Dinge sollen verglichen werden. *Situativer Rahmen:* Fundbüro; Schüler erzählt von einem neuen Lehrer; Besuch bei einer fremden Familie. *Rollen:* Verlierer — Beamter in einem Fundbüro; Schüler — Lehrer; Gast — Gastgeber.) Hier sollte sich der Lehrer primär auf das Lehrbuch und Tonband, auf Hörfunksendungen und Schulfernsehsendungen stützen können, die ihm helfen, diese „speech-events" im Klaßzimmer zu realisieren.
5. Auf der Stufe der Operationalisierung wird nun einer von diesen „speech-events" stufenweise erarbeitet, wie das bereits im Vorhergehenden umrissen wurde.
6. Die *Lernzielkontrolle* wird je nach sprachlicher Begabung den einzelnen Lerngruppen verschieden schwierige Aufgaben abverlangen, da ja die sprachlichen Mittel differenziert eingesetzt waren. (Nur das Fundamentum wird von *allen* Lernenden assimiliert.)

Unter dem Aspekt dieses kommunikativen Leitzieles wird aber nicht nur das übliche grammatische Sprachmaterial neu angeordnet und es wird nicht nur, wie bereits früher erwähnt, die Fehlertoleranz neu gewichtet; die sprachlichen Mittel (d. h. also die Lerninhalte) werden jetzt auch Material anbieten müssen, das gerade der nur nach „patterns" ausgerichtete Sprachkurs oft sehr vernachlässigt hat: idiomatische Redewendungen (z. B. „Rejoinders", Konstruktionen mit Question Tags, etc.), die wir für das brauchen, was so allgemein als „small talk" abgetan wird. Es geht hier um eine besondere Funktion der Umgangs-

sprache, die gar nicht so sehr als kommunikativ (d. h. abzielend auf eine Veränderung des Informationsbestandes) anzusehen ist und nach der etwas willkürlichen Benennung durch den Anthropologen Bronislaw Malinowski als „phatic communion"[20] bezeichnet wird. Hierzu ein Beispiel:
Eine typisch englische Konversation über das Wetter verändert meist den Informationsbestand kaum, ist also keineswegs „Kommunikation", sondern „small talk", der notwendig ist, weil ein als peinlich empfundenes Schweigen vermieden werden soll, obwohl genaugenommen die Gesprächspartner einander nichts zu sagen haben. D. Abercrombie[21] formulierte diesen Tatbestand so:
„Most peoples have a feeling that a silent man is a dangerous man. Even if there is nothing to say, one must talk, and conversation puts people at their ease and in harmony with one another."
Noch eine andere Frage sei hier kurz angeschnitten, die bei den Lerninhalten und deren Operationalisierung auftauchen wird: Bedeutet unser Leitziel (das Lehren des Englischen als Mittel zur unmittelbaren Kommunikation), daß *in der Phase der Operationalisierung* sich jeder Lernschritt nur mit den kommunikativen Fähigkeiten auseinandersetzt? Veranschaulichen wir unsere Frage anhand eines Beispiels: Der Lehrer möchte das Present Tense Continuous einführen. Er begleitet seine Handlungen mit Sätzen wie: „Look, I'm walking to the door, I'm opening the door, I'm closing the door."
Wir können auf diese Weise aufzeigen, welche Funktion das Present Tense Continuous hat. Wir lehren „linguistic meaning", das, was H. G. Widdowson[22] „signification" nennt. Aber welchen kommunikativen Wert („value") haben diese Sätze? In der oben beschriebenen Situation gar keinen; kein Engländer würde diese Handlungen sprachlich kommentieren. Hier wurde nur „signification" gelehrt. Widdowson meint zu Recht: „Wir müssen sorgfältig zwischen zwei Arten von Bedeutung unterscheiden: die eine Art ist jene, die Sprachteile als Elemente des Sprachsystems haben, und die andere ist die Art von Bedeutung, die die Sprachteile bekommen, wenn wir sie im Kommunikationsprozeß gebrauchen (a. a. O., S. 16, Übersetzung vom Verfasser)."
Das Wissen, wie Sätze zusammengesetzt werden, führt nicht automatisch zum richtigen Gebrauch dieser sprachlichen Mittel als Kommunikation. Oft endet der Unterricht beim Lehren von „signification".
Als *Durchgangsstadium* aber können und müssen wir auch „signification", d. h. sprachliche Systeme lehren. Nur endet hier nicht der Lernprozeß; er führt weiter zum Sprechanlaß, wo der Lernende echte Kommunikation erfährt, die er selbständig und den Bedürfnissen seiner Rolle entsprechend gestalten wird.
Auf der Stufe der Operationalisierung mag also ein gewisser Kompromiß angeraten sein. Widdowson (a. a. O., S. 19) schreibt: „It would, of course, be a

---

[20] Zitiert nach Abercrombie, D.: a. a. O., S. 3
[21] Abercrombie, D.: a. a. O., S. 2—3
[22] Widdowson, H. G.: The Teaching of English as Communication. In: English Language Teaching, 1, Oct. 1972, London: Oxford University Press, S. 15—19

mistake to devote attention exclusively to communicative acts in the preparation and presentation of language-teaching materials. In the teaching of language, one has continually to make compromises and to adjust one's approach to the requirements of students and the exigencies of the teaching situation. It would be wrong to be dogmatic."

Es wäre zwar falsch, dogmatisch zu sein; es wäre aber noch bedenklicher, wenn unser Englischunterricht das oben skizzierte Durchgangsstadium nicht überwinden würde und nicht zu den kommunikativen Leistungen in der Fremdsprache führte.

Für die gesamte Sekundarstufe I bedeutet dies, daß es unser Ziel sein muß, daß der Lernende das sprachliche Material (d. h. die phonetischen, lexikalischen, grammatischen und stilistischen Formen der Sprache) *unbewußt* handhaben soll (vgl. dazu Kap. III), während sich sein Bewußtsein nur auf den semantischen Aspekt (= Inhalt) richtet.

Um dieses Ziel zu erreichen, bedarf er der Fähigkeit, *in der Fremdsprache zu denken* (vgl. Kap. III), was grundsätzlich bedeutet, die Muttersprache beim Kommunikationsprozeß weitgehend auszuschalten; und er bedarf der Fähigkeit, die *Systeme* der Sprache ohne Reflexion *intuitiv richtig zu gebrauchen*[23]. Diese Zielvorstellungen beinhalten keineswegs, daß zu deren Verwirklichung nur einseitig behavioristische Lernprozesse anzusetzen sind. Auf diesen Problemkreis kommen wir noch im III. Kapitel zu sprechen. Hier ging es um Ziele, nicht um Wege.

Es bleibt nun nur noch eine letzte Frage:

Ab wann soll auf dem Weg zu diesem Ziel der normale Klassenverband aufgelöst und wie soll differenziert werden? In der Orientierungsstufe kann die hier bereits beschriebene „Binnendifferenzierung" eine Zeitlang, höchstens jedoch bis zur 6. Klasse durchgeführt werden. Die Schulpraxis wird uns bei den meisten Lerngruppen zwingen, bei der Operationalisierung der gemeinsamen Lernziele zu differenzieren, weil die Lerntempi zu verschieden sind und weil die „primary skills" von der 6. Klasse ab (besonders beim wirklich freien Sprechen und Schreiben) nur sehr differenziert gefördert werden können.

Dabei soll nicht verschwiegen werden, daß in der Praxis die Frage der Differenzierung mit Recht oft pragmatisch gesehen wird: ist sie doch die einzige Möglichkeit, einen zu großen Klassenverband zu teilen. Es muß auch hier nochmals klar gesagt werden: kommunikativer Sprachunterricht ist nur möglich, wenn die Zahl der Schüler einer Lerngruppe unter der Richtzahl 30 liegt.

Es bieten sich hier vor allem für die Klassen 5 (ab dem 2. Halbjahr) und 6 folgende Möglichkeiten an[24]:

---

23 Vgl. Belyayev, B. V. (1963), S. 215
24 Vgl. dazu Piepho, H. E.: a. a. O., S. 31—35, wo diese Möglichkeiten detaillierter untersucht werden.

1. *Erweiternde Differenzierung*

   Aufgrund von Einstufungstests werden 2 bis 3 Niveaugruppen gebildet, wobei eine gewisse Durchlässigkeit erhalten bleiben sollte. Gerade sprechgehemmte Schüler „tauen" in kleineren Arbeitsgruppen auf; allerdings braucht jede Lerngruppe einige reaktionsschnelle Schüler, die den anderen (und dem Lehrer!) Mut machen.

2. *Profildifferenzierung*

   Von den Fachstunden werden einige (z. B. auf der Stufe der Darbietung) im Stammverband gehalten. Der Rest der Stunden wird als „Förderstunden" gegeben und die Schüler werden in kleine Gruppen aufgeteilt, um möglichst intensiv arbeiten zu können.

3. *Verschränkte Differenzierung*

   Hier werden Sonderkurse eingeteilt, die je nach Bedürfnis den Schülern zu intensiven Wiederholungen verhelfen, die bestimmte „skills" besonders festigen oder besonders Begabte durch Zusatzstoffe („enrichment") fördern.

Für die Klassen 7—10 in Gesamtschulen bieten sich dann an:

1. *Themenorientierte Differenzierung*

   Neben einem Grundkurs mit normaler Ausbildung der Fertigkeiten werden *thematische* Blockkurse im Sinne von Wahlpflichtkursen angeboten.

2. *Projektorientierte Differenzierung*

   Eine vertiefende Beschäftigung in Arbeitsgruppen an einem thematisch geschlossenen Projekt.

Es ist unvermeidlich, daß vor allem nach der Orientierungsstufe, die sinnvollerweise nur als *integrierte* Orientierungsstufe zu realisieren ist, das Gymnasium bei gleichem Leitziel besonders die Lese- und Schreibfertigkeiten stärker ausbilden muß, damit der fugenlose Übergang zur Sekundarstufe II gesichert wird. Hier werden bei der Operationalisierung der Lernziele besonders *kognitive* Lernprozesse einen vertieften Einblick in die Sprachsysteme vermitteln.

Die Hauptschule wird nach der Orientierungsstufe bei den „productive skills" ein gewisses Plateau erreicht haben, das kaum mehr eine Erweiterung der Strukturen zuläßt. Neben dem Bemühen, die gelernten kommunikativen Fähigkeiten auf möglichst viele modifizierte Situationen zu übertragen, sollte eine Erweiterung des Wortschatzes im Rahmen eines sinnvollen Lektüreprogramms gewährleistet werden. Sinnvoll heißt hier: richtig ausgewähltes, strukturell gradiertes und nicht zu umfangreiches Lernmaterial.

Vor allem sollte jetzt der Englischunterricht — im Rahmen des sprachlich Möglichen — viel Abwechslung bieten.

So werden auf dieser Stufe z. B. die Medien Schulfunk[25] und Schulfernsehen die

---

[25] Bebermeier, H. (1966)

Lernenden mit der Tatsache vertraut machen, wie verschieden selbst das „Standard English"[26] klingen kann. Darüber hinaus stellen gerade diese Medien einen willkommenen Wechsel der Arbeitsmittel dar und wirken motivationsfördernd; denn besonders beim Hörverständnis kommt es am schnellsten zu einem *Erfolgserlebnis* des Lernenden, das er beim Erwerb der Fremdsprache mit all seinen „ups and downs" so dringend braucht.

---

26 Abercrombie, D.: a. a. O., S. 41—56

II. Kapitel

Linguistik und Englischunterricht

1. Allgemeine Einführung

Es gab einmal eine Zeit — und die liegt noch gar nicht so lange zurück — da glaubte man, der Fremdsprachenunterricht sei eine Kunst: „The art of teaching a foreign language" war letztlich etwas, was man nicht beschreiben, analysieren und weitergeben konnte; man hatte eben Talent dafür, man konnte bestenfalls als Einführung einen Meister beobachten — das war alles. Und wenn nicht sehr viele dazu das Talent, die Begabung hatten — was machte es schon aus? Der Bedarf an Lehrern war nicht allzu groß — und die meisten Schüler motiviert; diese lernten, wenn sie in der Wahl des Lehrers Pech hatten, trotz des geringen Talents des Lehrenden, oder sie mußten jene elitären Einrichtungen verlassen, für die sie ganz offensichtlich nicht geeignet waren. Zum Problem wurden sie meist nicht — sie fielen durch und verschwanden — der Fremdsprachenunterricht ging weiter.
Und wenn bei mangelndem Talent des Lehrenden das Ergebnis des Englisch- oder Französischunterrichts zu wünschen übrig ließ, was tat's? Man konzentrierte sich ja nur auf Teilgebiete der sprachlichen Systeme, auf Vokabeln, Grammatikparagraphen, Hin- und Herübersetzen und ein bißchen Literatur; Sprache in wirklicher Aktion (verächtlich als „Kellnerenglisch" deklariert) lehrte man nicht.
Aber dann änderten sich die Zeiten: das Leitbild der elitären Schule verschwand allmählich, die weniger oder sogar nur schwach motivierten Schüler wurden zum Problem. Nach den Stimmen von Vietor[1], Henry Sweet[2], Otto Jespersen[3], Paul Passay[4], H. E. Palmer[5] und anderen erwartete man plötzlich vom Fremdsprachenunterricht auch, daß der Lernende die gesprochene Sprache verstehen könne und er sich als Sprecher in diesem Medium erfolgreich bewähren würde. Nun brauchte man ein Rezept — die Kunst langte nicht mehr aus, die Zahl der Künstler war zu gering.
Bald begann man eine Methodik des Fremdsprachenunterrichts zu entwickeln, man hielt nach Hilfswissenschaften Ausschau, die einem etwas über Sprache und Sprachlernen exakt und verbindlich sagen konnten — man wollte nicht nur eine „Rezeptologie", man wollte eine Didaktik des Fremdsprachenunterrichts, man mußte sie zur Verfügung haben, denn die Zahl der Schüler stieg von

---
1 Vietor, W. (1882)
2 Sweet, H. (1899) (reprint. 1964)
3 Jespersen, O. (1904) (reprint. 1967)
4 Passy, P. (1899)
5 Palmer, H. E. (1921) (reprint. 1964)

Jahr zu Jahr an; bei dieser großen Nachfrage wurden viele Lehrer eingesetzt, obwohl es an Talent mangelte, und trotzdem sollte der Unterricht effektiv und ökonomisch sein. Das Unterrichten war keine Kunst mehr, sondern wurde Schritt für Schritt zu einer beschreibbaren Technologie, man entwickelte Unterrichtsstrategien, die man an den Anfänger weitergeben konnte, und hoffte so, dem Lehrer, dem Schüler und dem Stoff gerecht zu werden.

Die Fachdidaktik einer modernen Fremdsprache wurde als angewandte Wissenschaft gesehen; man untersuchte die Ziele des betreffenden Fremdsprachenunterrichts, den Inhalt des Faches, dessen Berechtigung im Curriculum, seine Organisationsformen, die Forschungsmethoden und die Lehrweisen (vgl. dazu: K. Schröder: Fremdsprachendidaktische Studiengänge in der Universität — Legitimationen — Ziele — Gewichtungen. In: Fremdsprachendidaktisches Studium in der Universität [Herausgeber K. Schröder/G. Walter], München: Verlag E. Strumberger, 1973).

Bei der Suche nach wissenschaftlicher Fundierung unserer Fachdidaktik wurde zuerst eine Brücke zur Psychologie geschlagen.

Schon früh hat die Assoziationspsychologie auf die Methodik eingewirkt (vgl. den Einfluß W. v. Humboldts auf Gouin; F. Gouin: The Art of Teaching and Studying Languages, trans.: H. Swan[2], V. Bétis, London: Philip, 1894); dann aber erhoffte man fühlbare Fortschritte durch Hereinnahme der Phonetik (vgl. die Lautiertafeln bei Vietor und Jespersen). Im Zuge der pädagogischen Reformbewegung des ausgehenden 19. Jahrhunderts war die neusprachliche Reformbewegung (meist als „direkte Methode" bezeichnet) bemüht, den Fremdsprachenunterricht kind- und jugendgemäß zu gestalten (vgl. Vietors Zielvorstellung: Weniger, aber besseren Fremdsprachenunterricht, damit für Spiel und Sport mehr Zeit bleibt!). Manche glaubten, die wissenschaftliche Fundierung gefunden zu haben, indem sie den muttersprachlichen Lernprozeß als Folie benutzten (sog. Nature Method).

Am nachhaltigsten aber hat sich bei der Suche nach wissenschaftlicher Fundierung der *Fremdsprachendidaktik* (vgl. dazu W. F. Mackey: Language Teaching Analysis. London: Longmans 1965, der den Ausdruck „language didactics" prägte) der Einfluß der amerikanischen Linguisten erwiesen. Während des Zweiten Weltkriegs hatte sich in den USA die Notwendigkeit ergeben, sich kritisch mit den Erfolgen bzw. Mißerfolgen des traditionellen Sprachunterrichts auseinanderzusetzen. Ausgehend vom „American Council of Learned Societies" unter seinem Leiter Mortimer Graves, wurden überall in den USA neue Wege im Sprachunterricht — der nun angesichts der militärischen Applikation ein *Sprechunterricht* mit „near native pronunciation" werden mußte — entwickelt, so z. B.: The Intensive Language Program", „ASTP" (Army Specialized Training Program) und ähnliche.

Ihnen war im großen und ganzen gemeinsam, daß das sprachliche Material von Linguisten gesichtet und gradiert wurde.

Solcherart waren also die historischen Begleitumstände, unter denen der amerikanische Beitrag zum modernen Fremdsprachenunterricht entstand (vgl. die ausführliche Darstellung bei John B. Carroll[6]).

Bezeichnend ist der *Primat der modernen Linguistik* bei dieser methodischen Schule, wobei moderne Linguistik fast ein Synonym für den linguistischen Strukturalismus wurde. So schreibt z. B. Paul Christophersen[7] in seinem Essay „Is Structuralism Enough?":

> „It is sometimes said that modern linguistics has revolutionized the teaching of foreign languages. ... When people talk of ‚modern' linguistics, what they usually mean is ‚structural' linguistics, that branch of the study of language, by no means new but developed mainly in the last thirty years, which concerns itself with language structure."

Wenn wir im Sinne einer Gesamtwertung hier bereits vorgreifen, so können wir festhalten: der wesentliche Beitrag der amerikanischen Strukturalisten war die These, daß eine „comparative structural analysis" von L_1 und L_2 (L_1 = Muttersprache, L_2 = Fremdsprache, Zielsprache) die Grundlage einer modernen Fremdsprachendidaktik sein müsse. In diesem Sinne schreibt P. Christophersen weiter (a. a. O., S. 107):

> „Since the nineteenth century there have been two (and probably only two) important innovations in the methodology of language teaching. One is the introduction of pattern drill (or substitution practice, as H. E. Palmer called it), a method evolved in the early decades of this century, based on the idea of automatic response inherent in the direct method, and anticipating in some ways the structural approach of a later generation. The other is the use of comparative structural analysis in the planning of language courses, an idea developed particularly by Charles C. Fries in the 1940's."

Manche glaubten nun, in der Linguistik sei das Allheilmittel gefunden worden; dies um so mehr, weil sich, wie wir gesehen haben, schon gleich zu Beginn der vierziger Jahre einige der Linguisten intensiv um die Fremdsprachendidaktik kümmerten[8].

In der ersten Begeisterung wurde vieles unkritisch und unreflektiert von der Ebene der Linguistik auf die Ebene der Methodik[9] übernommen; es gab plötz-

---

6 Carroll, J. B. (1963)
7 Christophersen, P.: Is Structuralism Enough? In: English Language Teaching, vol. XXI, No. 2, Jan. 1967, London, S. 106 ff.
8 Z. B.: Boomfield, L. (1942) und Fries, Ch. (1945)
9 Vgl. zur Nomenklatur die Ausführungen von E. M. Anthony (In: English Language Teaching, vol. 17, No. 2, Jan. 1963). Der Verfasser schlägt dort eine sehr brauchbare, hierarchische Struktur vor:
a) approach = ein axiomatischer Ausgangspunkt („an article of faith"); von dieser Sprachsicht aus werden Grundsätze postuliert (z. B. „Oral Approach")
b) method = ein allgemeiner Plan, wie das Sprachmaterial dargeboten wird
c) techniques = sog. „tricks of the trade", wie z. B. der Gebrauch von bestimmten Medien, die an einem besonderen didaktischen Ort eingesetzt werden, also neutrale Unterrichtstechniken

lich einen „linguistic approach", eine „structural method"[10] und ähnlich lautende neue und vielversprechende Methoden mit dem Anspruch, auf einem wissenschaftlich fundierten Weg zum Erwerb der Fremdsprache zu führen.
Doch die Zeit der ersten Begeisterung war kurz; der Erfolg nicht immer und überall überzeugend. Und plötzlich gab es Linguisten, die das Verhältnis der Linguistik zum Fremdsprachenunterricht wesentlich differenzierter sahen. Sol Saporta, Professor für Linguistik an der University of Washington stellte ernüchtert fest[11]:

„... it may be appropriate to question the validity of some of the suggestions which linguists in general have made. My impression about these claims is that linguists by and large have generated more heat than light or at least have promised more than they have delivered." Und sein Kollege Dwight L. Bolinger warnt: „It may seem strange coming from a linguist, but I should like to caution against overstating the importance of linguistics to the training of language teachers." (Bolinger, D. L.: The Foreign Language Teacher and Linguistics. In: Foreign Language Teaching [Joseph Michel, ed.], New York: The Macmillan Company, 1967, S. 294.)

Noam Chomsky formulierte noch kritischer:

„I am, frankly, rather skeptical about the significance, for the teaching of languages, of such insights and understanding as have been attained in linguistics and psychology." (Chomsky, N.: Linguistic Theory. Vortrag anläßlich der „Northeast Conference on Research and Language Learning", 1966, zitiert aus: Girard, D., 1972, S. 169.)

Man sieht sehr deutlich: die Zeit der initialen Begeisterung ist vorbei, man ist kritischer geworden.

Sollte man aber deshalb gleich wieder auf jenen prä-linguistischen Zeitpunkt desillusioniert zurückgehen? Wohl kaum.

Wir müssen mit der Tatsache fertig werden, daß trotz der Vielzahl der Stimmen (General Linguistics, Psycho-Linguistics, Bio-Linguistics, Socio-Linguistics, Applied Linguistics u. a.) die Zahl der Aussagen, die als einigermaßen unangefochten und relevant auf die Ebene der Methodik transponiert werden können, recht bescheiden ist.

Da dieses Kapitel keinen Kurs in Linguistik ersetzen kann, sind wir nur in der Lage, diese wesentlichen Aussagen der modernen Linguistik kurz anzudeuten, und wenn wir hier von „moderner" Linguistik sprechen, dann ist impliziert, daß wir als Wendepunkt der modernen Sprachgeschichte jenen Schweizer Linguisten meinen, der zu Beginn dieses Jahrhunderts in Genf lehrte und dessen Wirkung bis auf den heutigen Tag angedauert hat: Ferdinand de Saussure[12].

10 Vgl. dazu: Sol Saporta (1966), S. 86
11 Sol Saporta: a. a. O., S. 84
12 Ferdinand de Saussure hat — höchst erstaunlich angesichts des Publikationseifers der modernen Linguisten — selbst nichts veröffentlicht; seine Vorlesungen wurden von seinen Schülern Charles Bally und Albert Sechehaye herausgegeben; die erste Auflage des französischen Originals erschien 1915. Ich beziehe mich im folgenden auf die englische Übersetzung: de Saussure, F.: Course in General Linguistics. New York: Philosophical Library, 1959

Dabei sei nicht zu übersehen, daß die Linguistik eine sehr lange Geschichte hat; manchmal betrieb man diese Wissenschaft mehr mit spekulativem, sprachphilosophischem Akzent (vgl. Platos „Kratylos"); dann wieder stand das logische, analytische Moment im Mittelpunkt (vgl. die „Grammaire de Port Royal" des 17. Jahrhunderts, der sich Noam Chomsky verpflichtet fühlt); oder man untersuchte die historische Entwicklung (sog. „diachronische Sprachbetrachtung) der einzelnen Sprachen (vgl. Hermann Pauls: Prinzipien der Sprachgeschichte", 1880); die Geschichte der Linguistik läßt sich sogar bis ins 4. Jahrhundert vor Christus zurückverfolgen, wo wir eine Art von Grammatik für das Sanskrit vorfinden: diese Beschreibung der Struktur des Sanskrit wurde in ca. 4000 Sutras (Aphorismen) von dem indischen Grammatiker Panini[13] vorgelegt.

2. Relevante Aussagen der Linguistik für den Fremdsprachenunterricht

Zurück zu unserem Anliegen: Welches sind nun die z. Z. relevanten Aussagen der modernen Linguistik, die für die Planung und Gestaltung des Englischunterrichts wichtig sind?

1. Ein Leitsatz lautet: „Teach the language, not about the language[14]." Dieser Satz gründet in der Tatsache, daß die moderne Linguistik die Sprache so beschreibt, wie sie gesprochen wird, und sich nicht mehr damit befaßt, wie sie gesprochen werden *sollte*. Sie ist deskriptiv, nicht präskriptiv.
Was heißt aber nun: „Teach the language"?
Der Gegenstand einer Sprachdidaktik ist nicht die Sprache selbst, sondern primär der *Sprachgebrauch*. Dieser wiederum setzt das Funktionieren einer Sprachperformanz (= aktueller Gebrauch der Sprache in konkreten Situationen) voraus, die selbst wiederum zurückgeht auf eine Sprachkompetenz (= Summe der Sprachfähigkeit, über die ein Sprecher aufgrund eines implizierten Wissens verfügt). Diese Sprachperformanz und Sprachkompetenz müssen für das Englische erst herangebildet werden, und dies kontrastiv vor dem Hintergrund der Tatsache, daß diese Kompetenz ja für die Muttersprache schon vorhanden ist und damit sowohl positiv wie negativ den Erwerb der Fremdsprache beeinflußt (sog. positiver oder negativer Transfer).
Da aber das Regelsystem der Kompetenz für die Fremdsprache nicht vorgegeben ist, sondern erst durch Einsicht *und* Übungsprozeduren geschaffen wird, darf der Englischunterricht sich nicht bloß im Nachahmen der Sprache (= teach the language) und in bloßem Analogiebilden manifestieren, sondern er muß Anweisungscharakter haben, d. h. er muß auch präskriptiv sein. Der Fremdsprachenunterricht sollte durch viel Übung zum Funktionieren der Performanz für das Englische führen; er muß aber auch durch Einsicht und Erhellung für die Ausbildung der Sprachkompetenz sorgen. Und da nun einmal die Sprachkompetenz das Primäre ist, sollte bei jedem Übungsprozeß eine Einsicht in das gene-

---

13 Vgl. dazu: Watermann, John T. (1963), S. 3
14 Aus: Hocket, Charles (1972), S. 19

ralisierte Regelverhalten nicht zu spät gegeben werden. Inwieweit dadurch die heute allgemein übliche *induktive Grammatikerarbeitung* in Frage gestellt ist, wird im III. Kapitel bei der Besprechung der Grammatikerarbeitung untersucht.

Wir können in diesem Zusammenhang noch einen wichtigen Unterschied zwischen Linguistik und Fremdsprachenunterricht erkennen: ein linguistisches Modell einer Sprache ist eine Sache für sich, beim Lehren einer Fremdsprache brauchen wir aber eine pädagogische Grammatik, die Anweisungscharakter haben muß; wir können aus verschiedenen linguistischen Modellen auswählen (dieser Gesichtspunkt wird im Folgenden noch gesondert behandelt), müssen uns jedoch fragen, ob das ausgewählte Teilelement für unser spezielles sprachpädagogisches Problem passend ist.

Es ist dabei bezeichnend für die unsichere Position der Fremdsprachendidaktik selbst in unseren Tagen, daß gewisse Aussagen von einigen Linguisten ziemlich unkritisch übernommen wurden; mit Aussagen über methodische Fragen verlassen diese Linguisten ihr Fachgebiet (wie z. B. Charles F. Hockett) und stellen Forderungen auf, die in den Zuständigkeitsbereich der Methodik fallen; denn inwieweit „teaching about the language" nötig ist, also inwieweit eine Analyse oder Erhellung am Platze ist, stellt sich als Problem der Methodik und der Fremdsprachenlernpsychologie dar, das wir im nächsten Kapitel behandeln werden.

2. Die *moderne* Linguistik — und dies war ein wesentlicher Bestandteil der Lehre de Saussures[15] — konzentriert sich auf eine *synchronische* Betrachtung der Sprache: jede Sprache entwickelt sich zwar fortwährend, die synchronische Betrachtung beobachtet und beschreibt jedoch nur *eine* Phase, z. B. die augenblickliche. Es geht also, wenn wir diese Aussage auf die Ebene der Methodik übertragen, im Englischunterricht um „contemporary English", während z. B. noch Henry Sweet eine „archaische" Stufe (Sprachgeschichte) im Rahmen der Progression gefordert hat[16].

Wenn die Übernahme dieses zweiten Prinzips für den Englischunterricht ohne weitere Bedenken erfolgen kann, so bleibt es jedoch unbenommen, eventuell im Englischunterricht des Gymnasiums ab der 8. Klasse gelegentlich einen Einblick in die Sprachgeschichte zu geben (z. B. die französische Schreibweise „ou" wie in house für den Laut /u/ im Altenglischen), wenn dies für die betreffende Lerngruppe eine Lernhilfe darstellt.

3. Die moderne Linguistik hat seit de Saussure die gesprochene Form der Sprache in den Mittelpunkt gestellt. So schreibt demgemäß Charles F. Hockett: „Teach the language, not . . . a writing system[17]."

---

15 de Saussure, F.: a. a. O., Chapter III
16 Sweet, H.: a. a. O., 10. Kapitel
17 Hockett, Charles F.: a. a. O., S. 19

Schon de Saussure hat sich dafür eingesetzt, daß die „spoken form" der Sprache das Primäre sei: „Language and writing are two distinct systems of signs; the second exists for the sole purpose of representing the first. The linguistic object is not both the written and the spoken forms of words; the spoken forms alone constitute the object. But the spoken word is so intimately bound to its written image that the latter manages to usurp the main role[18]." Nun hat sich die moderne Fremdsprachendidaktik mit Recht den Primat der gesprochenen Sprache zu eigen gemacht. Es bleibt aber zu fragen, welche Rolle dann die geschriebene Sprache übernehmen soll und mit welcher zeitlichen Verzögerung (sog. „time-lag") sie darzubieten ist.

Trotz der *berechtigten Vorrangstellung der gesprochenen Sprache* bleibt die Tatsache bestehen, daß die geschriebene Form der englischen Sprache eben auch *ein Teil* des ganzen Phänomens dieser Kultursprache ist, die von so vielen Menschen über eine so weite geographische Ausdehnung hinweg gesprochen, aber auch durch die schriftliche Form einen Zusammenhalt und ein stabilisierendes Element erhält.

Für die Methodik fällt der geschriebenen Form auch die Rolle einer *Lernhilfe* zu, wenn es um die Segmentierung (= sinnvolles Unterteilen) des Lautstromes geht. Eine weitere Lernhilfe stellt die geschriebene Form gerade bei bestimmten Kurzformen der englischen Sprache dar (z. B. „they're" gleichlautend mit „their").

Wenn wir also aus mancherlei Gründen — einige wurden auch schon im I. Kapitel ausgeführt — nicht auf die geschriebene Form verzichten können, erhebt sich für die Methodik besonders die Frage der zeitlichen Verzögerung („time-lag"). Sollte das Schriftbild vielleicht wie beim „Oral Approach" erst nach einigen Wochen oder Monaten eingeführt werden?

Eine Reihe von empirischen Untersuchungen (vgl. Dodson[19], Smith[20], Hocking[21] und Kaufmann[22]) legen den Schluß nahe, daß ein *reiner* Oral Approach zumindest nicht effektiver ist als ein Sprachunterricht, der die „written form" *unmittelbar nach* Einführung der „spoken form" als Lernhilfe benutzt.

Auch die Frage, inwieweit das Schriftbild die noch kaum gesicherte Aussprache schädlich beeinflußt (sog. „Interferenzproblem") ist offen. So hat Marty[23] in einer amerikanischen Untersuchung dazu herausgefunden:

„All our experiments", he says, „clearly indicate that no matter how long or how short the time lag the introduction of the spelling presents the same potential danger. The students with superior or good linguistic ability usually avoid this danger; no matter how long or how short the time lag, they learn to spell without difficulty and

---

18 de Saussure, F.: a. a. O., S. 23/24
19 Dodson, C. J. (1967)
20 Smith, D. (1970)
21 Hocking, Elton (1964), S. 72 ff.
22 Kaufmann, F. (1969), S. 97 ff.
23 Marty, F. (1960)

without endangering their speech habits... The student with mediocre or poor linguistic ability ... find that their speech habits are constantly threatened by the spelling they are learning... Thus, in spite of many articles to the contrary, we have found that a long time lag does not produce better audio-oral results than a short one. A further danger of a long time lag is that correct spelling habits are often delayed. During the strictly audio-oral period, it is nearly impossible to stop our high school and college students from devising their ‚own' phonetic spelling... Even if you could stop them from writing, you could not stop them from seeing these spellings in their minds. The longer the time lag, the more strongly these spellings become fixed and the more difficult it is to eradicate them... What really matters is not the length of the time lag, but the vigilance of the teacher."
(Zitiert nach Rivers, Wilga M.: The Psychologist and the Foreign Language Teacher. Chicago & London: The University of Chicago Press, 1964, S. 111—112).

Abschließend sei in diesem Zusammenhang auf den Versuch der Psychologen L. Postman und M. R. Rosenzweig[24] verwiesen. Dieser Versuch hat den Beweis erbracht, daß der „transfer of learning" leichter vom Visuellen zum Auditorischen erfolgt als umgekehrt. Es heißt dort:
„The transfer-effects are not symmetrical — there is more transfer from visual training to auditory discrimination than conversely (a. a. O., S. 223)."
Viel wesentlicher als diese Streitfragen erscheint uns die Feststellung, daß die „spoken form" der Fremdsprache *Mittelpunkt* des Unterrichts der Sekundarstufe I bleibt, wobei wir darauf achten, daß die sprachlichen Zeichen nur in ihrem jeweiligen *Kontext* relevant sind; wie im I. Kapitel schon dargestellt, bleibt deshalb die Situation die Basis, auf dem unser Fremdsprachenunterricht aufbaut.
„Spoken form" impliziert aber auch, daß das sprachliche Material (Strukturen, Lexis, Idiomatik) der gepflegten *Umgangssprache* entstammen muß. Eine Dialogisierung in Form von Lehrerfragen und Schülerantworten über Texte wie „Beowulf and Grendel", „Ten sixty-six", „The Pilgrim Fathers", „The Boston Tea Party" ist verlorene Liebesmüh: hier wird „written form" dargeboten und zwar „written form" als *Stilregister;* damit kann kein sinnvoller Sprachunterricht auf der Sekundarstufe I geplant und realisiert werden.
Es kommt allerdings im Sinne einer Differenzierung der *Endstufe* dieser Phase dem Gymnasium die zusätzliche Aufgabe zu, schrittweise auf die „written form" der englischen Sprache als Stilregister vorzubereiten, da sie als *ein* Bestandteil der Arbeit in der Sekundarstufe II zu ihrem Recht kommen wird.
4. Dank der modernen Linguistik erkennen wir die *Struktur* der Sprache (vgl. Girard, Denis: Linguistics and Foreign Language Teaching. London: Longman, 1972, S. 6). Wir erhalten die Struktur einer Sprache, wenn wir das *Lautsystem* (mit den *Phonemen* als kleinsten Lauteinheiten, die bedeutungsunterscheidend sind), das *Formensystem* (mit den *Morphemen* als kleinste Bedeutungseinheiten), die *Syntax* (mit den *Tagmemen, die* eine distinktive syntaktische Einheit darstellen) und das *Begriffssystem* (mit den *Semantemen,* die eine distinktive

---

24 Postman, L., und Rosenzweig, M. R. (1956)

Einheit der Vorstellungsstruktur darstellen) untersucht, analysiert und beschrieben haben. John B. Carroll[25] hat den Begriff „Struktur" so definiert:

„The central concept in linguistic analysis is structure, by which is meant the ordered or patterned set of contrasts or oppositions which are presumed to be discoverable in a language, whether in the units of sound, the grammatical inflections, the syntactical arrangements, or even the meanings of linguistic forms."

Während die Strukturalisten wie C. Fries und C. F. Hockett diese Struktur anhand von sprachlichen Äußerungen beschrieben, haben sich seit Noam Chomsky die Vertreter der sog. generative-transformational grammar[26] nicht mehr mit der Oberflächenstruktur zufriedengegeben, sondern aufgezeigt, wie hinter der Oberflächenstruktur eine *Tiefenstruktur* zu finden ist, die jeweils als Ausgangsbasis für eine Fülle von sprachlichen Äußerungen anzusehen ist. Wir werden im Folgenden bei einer kurzen Darstellung der Grammatikmodelle für das Englische noch einmal etwas genauer auf diese Unterscheidung eingehen.
Entscheidend bleibt, daß der Englischunterricht der Sekundarstufe I nicht diese Sprachsysteme als Lernziel hat, sondern nur jeweils bei diesem System „sprachlich auftanken" muß, um das sprachliche Material für die Kommunikation bereitzustellen.
Diese Sprachsysteme stellen unsere *Lerninhalte* dar.
Das bedeutet, daß in der *Übungsphase* sehr wohl das eine oder andere Teilsystem im Vordergrund stehen wird.
Eine Übung kann ohne weiteres aus dem *Lautsystem* den Kontrast zwischen stimmhaftem und stimmlosem s (/s/ vs. /z/) in Form eines Minimal Pair Drill herausarbeiten.
Eine andere Übung wird aus dem *Formensystem* den Kontrast zwischen „I've been waiting" und „I've waited" herausstellen.
Eine weitere Übung wird aus dem Bereich der *Syntax* den Kontrast zwischen Fragesatz und Aussagesatz aufzeigen.
Und wieder eine andere Übung kann aus dem Begriffssystem den Kontrast zwischen „this" und „that" vertiefen.
Wichtig dabei sind jedoch folgende Aspekte:
a) Die moderne Linguistik hat seit de Saussure immer wieder darauf verwiesen, daß die Elemente der Struktur an sich keinen Wert besitzen, sondern daß sie stets in ihrer funktionellen Relation zueinander gesehen werden müssen; die Struktur einer Sprache „funktioniert" aufgrund des Kontrastes und der Opposition ihrer Elemente, die in einem dialektischen Verhältnis zueinander stehen.
Im Lichte der Linguistik ist also eine Übungsphase nur dann „sprachgerecht",

---

25 Carroll, J. B. (1963), S. 14
26 Als Einführung in diese Grammatik seien empfohlen:
   a) Cattell, N. R. (1966); (knapp und leicht lesbar)
   b) Bechert, Joh. et al. (1971)

wenn dieser *Kontrast* (z. B. zwischen this und that) sichtbar wird; abzulehnen sind dagegen zu lange Übungsphasen mit nur *einem* Teilelement.
Natürlich wird hier das pädagogische Prinzip der *Elimination von Schwierigkeiten* gelegentlich für eine spezielle Übung mit *nur einem* Teilelement plädieren; diese Übung muß aber überleiten in eine andere mit kontrastivem Charakter.

b) Die Progression wird immer zyklisch sein:
Wir gehen aus von einem Text, der in eine Situation eingebettet ist; es folgen *Übungsphasen mit Teilelementen* der Sprache; diese gebundenen Übungsphasen gehen über in Übungen, die langsam zum „quasi-freien" Sprechen führen („quasi-frei", weil Strukturen und Lexis ja nur beschränkt zur Verfügung stehen).
Der Übungskreis schließt sich, wenn der ursprünglich dargebotene Text — soweit es sich um dialogisiertes Material handelt — annähernd frei reproduziert werden kann, wobei nicht entscheidend ist, daß lange Passagen auswendig gelernt werden; wichtig ist, daß verschiedene Rollen modifiziert übernommen werden können.

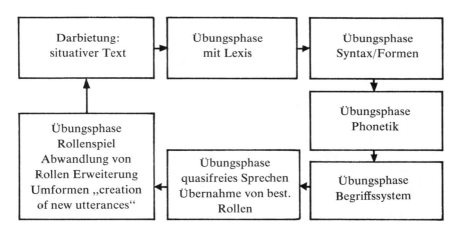

Diese hier angedeutete Progression stellt in ihrer Anordnung nur *eine* Möglichkeit dar. Die Phasen 2, 3 und 4 können untereinander ausgetauscht werden. Unsere Skizze veranschaulicht aber sehr genau, welche Hauptrolle die *Übung* beim Fremdsprachenunterricht spielen sollte.

c) Ausgehend von der strukturellen Analyse der Sprache ist nun vor allem der *Vergleich* der Strukturen der Fremdsprache (L_2) und der Muttersprache (L_1) für den Fremdsprachenunterricht (FU) bedeutsam geworden. Die kontrastive Analyse der zwei Strukturen kann jene Sprachgebiete aufzeigen, wo besondere Schwierigkeiten zu erwarten sind; dies werden immer jene Strukturen sein (z. B. Intonationskonturen, Satzbaumuster, Wortketten), wo L_1 und L_2 voneinander abweichen; hier müssen wir mit dem sog. negativen Transfer rechnen:

die gefestigten Sprachregeln und Sprachgewohnheiten der L_1 beeinflussen das Sprachverhalten der zu erlernenden Zielsprache (L_2) negativ. Andererseits zeigt uns die kontrastive Analyse auch jene Strukturelemente auf, wo L_1 und L_2 sich weitgehend decken, wo wir also von einem positiven Transfer sprechen können; d. h. Sprachgewohnheiten und Sprachregeln (z. B. bei der Aussprache, bei der Syntax) der L_1 dürfen auf die L_2 übertragen werden.
Robert Lado formulierte diesen Tatbestand so:
„For those patterns that are functionally parallel to the native language, very little work needs to be done, and very little or no explanation is necessary." (Lado, R.: Language Teaching. New York: McGraw Hill, 1964, S. 93; deutsche Übersetzung bei Hueber Verlag, München.)
Freilich ist hier eine gewisse Vorsicht am Platz: Kann man für die Didaktik wirklich folgern, daß bei linguistisch annähernd gleichem „pattern-behaviour" in L_1 und L_2 fast kein Üben und Lernen nötig sind? Das würde für uns z. B. bedeuten, daß „to be" kaum der Einübung bedarf, weil das englische Verb „to be" und das deutsche Äquivalent „sein" beide unregelmäßig sind. Die Unterrichtspraxis widerspricht Lado. Noch ein weiteres Beispiel:
In beiden Sprachen deckt sich im allgemeinen die Pluralbildung (morphologischer Wechsel: hat — hats = Hut — Hüte). Die Praxis zeigt, daß hier kaum größere Schwierigkeiten auftreten.
In beiden Sprachen deckt sich im allgemeinen aber auch die 3. Person Singular des einfachen Präsens (morphologischer Wechsel: I run — he runs = ich eile — er eilt). Hier zeigt aber die Praxis genau das umgekehrte Bild: trotz dieser Gemeinsamkeit ist das „3.-Person-Singular-s" ein steter Quell von Schwierigkeiten.
Wir müssen also festhalten:
Die kontrastive Analyse kann Lernprobleme voraussagen. Natürlich bedeutet das nicht, daß dies die *einzigen* Lernschwierigkeiten sein werden. Wir werden auf diesen Punkt noch einmal zurückkommen, wenn wir im nächsten Kapitel das Problem „Muttersprache — Fremdsprache" untersuchen.
Ebensowenig darf die Linguistik Aussagen darüber machen, welche Lernpsychologie bei der Übungsphase anzuwenden ist.
Besonders Lado hat sich hier sehr einseitig für ein weitgehend imitierendes Lernen eingesetzt.
Sol Saporta wendet sich als Psychologe gegen die Überbetonung des intensiven Auswendiglernens, wie es Lado fordert, wobei sich dieser auf Bloomfield beruft (vgl. Lado, a. a. O., S. 94). Saporta, Leiter des „Center for Advanced Study in the Behavioral Sciences" schreibt in seiner Kritik über Lados Buch in „Language"[27]:

---

[27] Sol Saporta, Review of: „Language Teaching" by R. Lado, in: Language, vol. 41. No. 3, 1965, pp. 547—551

„As a matter of fact, Lado demands too much of memorizing. He wishes ‚basic sentences' (to be) memorized as units as if they were single words. But if in fact they were stored as units they would have no relation to other sentences and it would be impossible for the student to ‚vary and expand' them. This then is the incongruity in the alleged role of memorizing as a technique for learning. The student who makes the most progress by adopting rote memory as a strategy will presumably be the most reluctant to abandon it, and failure to abandon it means failure to learn a language. The human organism engages both in storage and in computation. It may not always use these faculties in the most efficient way; that is, it may store sequences — like greetings and clichés — even when the linguist knows they could be computed. But a method which is based on maximizing storage is self-defeating."

5. Sprache ist, so bestätigt uns die Linguistik, Verhalten (behaviour), das den ganzen Menschen erfaßt; es umschließt affektive, psycho-motorische und kognitive Bereiche. Da jede Sprache auf Übereinkunft und Gewohnheit beruht, ist sprachliches Verhalten „rule-governed behaviour"[28].
Wie ich Wörter ausspreche, welche Wortanordnung ich wähle, welchen Sinn ich meiner Mitteilung gebe, all das ist etwas, was ich nur innerhalb eines vorgegebenen Rahmens auswählen kann; mein eigener Spielraum ist begrenzt durch die Regeln und Konventionen, die die Sprachgemeinschaft einmal bestimmt hat.
Zwei Dinge sind es nun, die den Fremdsprachenunterricht interessieren:

a) Obwohl Sprache auf Konversation beruht, ist es doch eine unleugbare Tatsache, daß sich jede Sprache, wenn auch nur langsam und fast unmerklich, verändert. Welche Veränderungen vollziehen sich in unseren Tagen? Inwieweit sind sie für unseren Englischunterricht relevant? Im Rahmen dieser Untersuchung müssen wir uns *schlagwortartig* auf einige wesentliche Veränderungen im modernen Englisch beschränken.
Eine detaillierte Darstellung bietet u. a. das Werk von Charles Barber: Linguistic Change in Present-Day English, 1964, und einige Kapitel aus Henry Bradley (revised by S. Potter): The Making of English. 1968.
Veränderungen können grundsätzlich in allen Systemen der Sprache erfolgen:
        innerhalb der Phonetik
        innerhalb der Grammatik
        innerhalb der Lexis/Semantik

Veränderungen im phonetischen Bereich (British English)
— eine wachsende Tendenz, alle „kurzen" Vokale dem „zentralen" Phonem /ə/ anzunähern und etwas länger auszusprechen
— eine Verkürzung (= „a smoothing out") der Diphtonge, am deutlichsten der Wechsel von /ou/→/əu/ wie in go
— der Verlust der Stimmhaftigkeit (= „devoicing") von stimmhaften Konsonanten *am Ende* einer Sprecheinheit

---

28 Sol Saporta: Applied Linguistics and Generative Grammar. In: Trends in Language Teaching (Albert Valdman, ed.), New York: McGraw Hill, 1966, p. 86

— eine Tendenz zur „Spelling Pronunciation"; d. h. das Schriftbild beeinflußt die Aussprache (!) bei Wörtern wie forehead: früher /fɔrid/, heute häufig → /fɔ:hed/ u. a.

Veränderungen innerhalb der Grammatik

Hier interessieren uns vor allem jene Tendenzen, die zur *Vereinfachung* der Sprache beitragen, die also jene Erscheinung reflektieren, die der amerikanische Linguist Zipf als „Principle of Least Effort" — eines der wenigen klar definierbaren Prinzipien der Sprachentwicklung — bezeichnete. (Zipf, G. K.: Human Behavior and the Principle of Least Effort: an introduction to human ecology. Cambridge [Mass.], 1949.)

— der Wegfall der Endung im Objektfall bei who (spoken form of language); also: Who are you looking for? statt: Whom are you looking for?
— eine Tendenz, fast *alle* zweisilbigen Adjektiva mit „more" und „most" zu steigern (Barber zitiert sogar Fälle bei einsilbigen Adjektiva wie „more plain", „more keen" u. a.)
— der Gebrauch von „will" für *alle* Formen der Future Tense
— in der Umgangsform eine Vereinfachung des Fragesatzes (bei Fragesätzen in der 2. Person); statt: „Do you like a cigarette?" → „Like a cigarette?" oder: „You're going there?" statt „Are you going there?"
— eine Tendenz beim Relativsatz zur sog. „Contact Clause", also statt: „This is the man that I know" → „This is the man I know"
— eine Tendenz „very" auch als modifier beim Verbum (statt: „very much") zu gebrauchen; z. B. „I'm very upset."
— für die Umgangssprache die Tendenz „have got" statt „have" zu gebrauchen (Have you got the book? Have you got any children?)
— ebenso die Tendenz „I've got to..." auch in Fällen zu gebrauchen, wo „must" am Platze wäre
— das Vordringen von „want" als auxiliary verb: You want to be punctual (statt „must"); You want to read this book (statt „ought")
— der Gebrauch der Progressive Form auch bei Verben, die geistige Haltungen ausdrücken:
z. B.: „My son is hoping to join us at Christmas."
Begründung: die Progressive Form klingt lebhafter, drückt stärkere Anteilnahme aus
— ein Vordringen des „Saxon Genitive": z. B.:
    the book's charm
    the record's imperfection
    the car's standard
— eine Tendenz, „like" auch als Konjunktion gelten zu lassen, wie z. B.: He can't do it like I can.

Veränderungen im lexikalischen/semantischen Bereich:
— die Tendenz, Wörter zu verkürzen:
info statt information
demo statt demonstration
a mod con statt a modern convenience
— neue Adjektivformen auf „-ish", wie z. B. whitish, sevenish, fortyish, die die ursprüngliche Bedeutung abschwächen
— neue Adjektivformen auf „-y", von Hauptwörtern abgeleitet; z. B.: preachy, snooty, edgy
— eine Vorliebe für Phrasal Verbs and Nominal Constructions:

to have a smoke   statt to smoke
to have a try   statt to try
to walk out on   statt to abandon

Davon werden viele neue Hauptwörter abgeleitet wie:
a let-up, a write-up, a hand-out, a take-over
— die Veränderungen bei Wortbedeutungen sind so vielfach und differenziert, daß sie hier nicht aufgeführt werden können (siehe Chapter V bei Charles Barber). Hier nur 2 Beispiele:
„lay-by" war ursprünglich eine Flußbucht, wo alte Schiffe abgestellt wurden; heute bezeichnet dieses Wort eine Park- oder Rastmöglichkeit für Pkws und Lkws entlang einer Autostraße
„awful" bedeutete ursprünglich: inspiring awe; heute bedeutet es aufgrund von „constant exaggeration" nur noch „unpleasant": „I've got an awful headache", während „awfully" nur noch ein etwas stärkeres „very" bedeutet: „I'm awfully glad ..."

b) Wenn Sprache „rule-governed behaviour" ist, dann wäre es für den Fremdsprachenlehrer wichtig zu erfahren, wie die Linguistik dieses Regelverhalten beschreibt und definiert.

Wenn wir den Versuch machen, eine linguistische Theorie als Ausgangsbasis zu benutzen, um damit eine psychologische Analyse des sprachlichen Verhaltens zu bekommen[29], müssen wir die funktionalen Voraussetzungen aufzeigen, die dazu führen, daß „language behaviour" stattfinden kann.

Wenn wir dazu *Chomskys* Theorie[30] als Modell benutzen, so müssen wir vier hierarchisch angeordnete Ebenen ansetzen, die die Voraussetzung sind, damit wir sprachlich agieren können:

(1) Auf der untersten Ebene müssen wir ein Reservoir von Worteinheiten (*„a vocabulary pool"*) annehmen, von dem der Sprecher freie und gebundene

---

[29] Es wird hier evident, daß das „verbal behaviour", wenn ich das Sprachmaterial ansehe, noch Gegenstand der Linguistik ist, wenn ich den Kommunikationsprozeß betrachte, so müssen wir uns an die Psychologie wenden. Nachdem eine solche Trennung nicht immer möglich ist, hat sich hier als „Grenzgebiet" die Psycho-Linguistik angesiedelt.
[30] Vgl. dazu: Rosenberg, Sh. (ed.), (1965), S. 29—65

Morpheme sowie Wortketten auswählt (freies Morphem: z. B. father = kleinste, nicht mehr teilbare Bedeutungseinheit; gebundenes Morphem: z. B. „-er" bei teach*er,* Plural-s: teacher*s*).

Der Erwerb des Lautsystems und die richtige Assoziation von Klangbild und Bedeutungssystem von Wörtern[31] in der L_1 kann *zum Teil* durch das sog. „stimulus-response learning" erklärt werden: „If a child utters a word in the presence of the appropriate stimulus, we say he knows the meaning of the word." (Johnson, N. F.: Linguistic Models and Functional Units of Language Behavior. In: Rosenberg, Sh. [ed.]: Directions in Psycholinguistics, 1965, S. 42.) Damit wissen wir zwar, *daß* die Bedeutung bekannt ist, aber wir wissen noch nicht, *wie* es zur Ausbildung des Begriffssystems kam; dies ist ein Spezialgebiet der Psycholinguistik[32], auf das wir an dieser Stelle nicht näher eingehen müssen.

Für den Fremdsprachenunterricht stellen wir fest:

(1a) das Begriffssystem ist bereits durch die L_1 vorgegeben, „concept-teaching" ist nicht nötig, es müssen nur verschiedene Begriffe differenziert werden (z. B. swim vs. float);

(1b) Das Lautsystem der L_2 muß Schritt für Schritt erworben werden, so daß die einzelnen Phoneme ihrer bedeutungsunterscheidenden Funktion gerecht werden (*v*an vs. *f*an; *v*ine vs. *w*ine; *nicht* aber: milk vs. lady, da „dark l" und „clear l" nur *Allophone* sind, d. h. sie sind lediglich Spielarten desselben Lautes und deshalb nicht bedeutungsrelevant.

(1c) es muß im Lernprozeß zu einer richtigen und dauernden Assoziation von Klangbild/Schriftbild und Bedeutung kommen; auf diese Weise wird ein Fundus an „content words" und „function words" bereitgestellt, um die Basis für ein akzeptables Sprachverhalten zu schaffen.
Jeder Unterrichtszyklus, der sich mit der Bewältigung einer bestimmten Situation befaßt, beginnt mit der Bereitstellung dieses „vocabulary pool". Die Schüler müssen lernen, Klangbild/Schriftbild und Bedeutung richtig zu assoziieren. Ebenso sollen sie u. a. anhand einer semantischen Matrix erfahren, welche Wortketten mit dem neu gelernten Ausdruck möglich sind.

(2) Auf der zweiten Ebene müssen wir davon ausgehen, daß das Wortschatzreservoir nach seiner „class structure" aufgegliedert wurde; d. h. der Lernende muß erkennen, daß es verschiedene Funktionsklassen von Wörtern[33] gibt (zwi-

---

[31] Wobei hier noch unterschieden werden muß, ob es sich um das Lernen von „meaning" bei Wörtern mit ostensivem Definitionscharakter handelt (z. B. house, hobby, nice, go), die wir „content words" nennen; oder ob es um das Lernen von Bedeutung bei „function words" (z. B. at, and, their, of) geht; die letztere Gruppe wird wohl nicht durch „response-generalization" gelernt, sondern nur im Zusammenhang mit dem Erwerb von bestimmten Satzbaumustern.

[32] Vgl. zu diesem Problem u. a. die Darstellung von: Deese, J. (1961), pp. 11—31

[33] Vgl. dazu die Untersuchung von Jenkins, zitiert von Johnson, N. F., in: Linguistic Models and Functional Units of Language Behavior" (S. 43). In: Directions in Psycholinguistics (Rosenberg, Sh., ed.). New York: The Macmillan Company, 1965

schen 7—8 Kategorien bei den traditionellen Modellen, die Transformationsgrammatik unterscheidet allerdings wesentlich differenzierter).
Auf die Ebene der Methodik übertragen bedeutet dies, daß durch *Substitutionsübungen* aufgezeigt werden muß, daß z. B. das neu gelernte Wort „their" derselben Funktionsklasse angehört wie die bereits gelernten Possessivpronomen my, your, his usw. Ob man dabei die Benennung Possessivpronomina einführt oder nicht, richtet sich nach der Lerngruppe. Entscheidend ist nur, daß der Lernende durch diese Übungsform die Funktion erkennt und die richtigen Assoziationen sich einstellen.

(3) Auf der dritten Ebene nehmen wir die Existenz von „phrase-structure" oder „expansion-rules" an. Der Lernende verfügt über Regeln, nach denen er seine Wortketten in Sätzen organisiert. Wie diese Regeln erworben werden, ist ein psychologisches Problem, das bis heute noch nicht völlig geklärt ist[34].
Für den Fremdsprachenunterricht bedeutet dies, daß wir den Lernenden grundlegende Satzbaumuster vorgeben müssen, die ihnen zeigen, wie im Englischen die Worteinheiten miteinander verbunden werden können. Diese Satzbaumuster werden durch sentence-building exercises[35] im Sinne von Harold E. Palmer (sog. „substitution tables") intensiviert. Wir machen klar, wie mit *einem* gelernten Satz eine Fülle von neuen, richtigen Sätzen gebildet werden kann.
In ähnlicher Weise werden wir durch den *Pattern Practice* im Sinne von Robert Lado[36] ein bestimmtes Regelverhalten im englischen Satzbau oder bestimmte Möglichkeiten der Satzerweiterung üben können.
Dabei sei nicht übersehen, daß Pattern Practice nur eine Durchgangsphase darstellt, und sein Platz vor allem im ersten und zweiten Lernjahr ist; allerdings wird sich die Hauptschule auch nach diesen zwei Jahren noch dieser Übungsform bedienen. In letzter Zeit ist Pattern Practice öfter angegriffen worden, u. a. auch von Noam Chomsky, weil diese Übungsform weitgehend auf stimulus-response learning aufbaut. Ich zitiere Chomskys Kritik, wie sie L. G. Alexander in seinem Artikel „The New Grammarians and the Language Teacher" in „English Language Teaching"[37] 1969 anführte:

„Chomsky has often attacked stimulus-response language-teaching methods. Not long ago, during a discussion on language study on the B.B.C. Third Programme, he had this to say: ‚This creative aspect of language is quite incompatible with the idea that language is a habit structure. Whatever a habit structure is, it's clear that you can't innovate by habit, and the characteristic use of language, both by a speaker and by a hearer is innovation!' And further on: ‚A good deal of the foreign-language instruction that's going on now ... is based on the assumption that language really

---
34 Vgl. dazu: Braine, M. D. S.: „On Learning the Grammatical Order of Words". In: Psychological Review 70, 1963, 323—348
35 Vgl. dazu: Palmer, H. E. (1921, reprinted 1964), Chapter 16 ebenso: French, F. G. (1960)
36 Vgl. dazu: Lado, R. (1964, Part 2), Chapter 10 and Chapter 11
37 Alexander, G. L.: The New Grammarians and the Language Teacher. In: English Language Teaching, vol. XXIV, No. 1, Oct. 1969, S. 9/10

is a habit structure, that language is a system of skills and ought to be taught by a drill and by the formation of stimulus-response associations. I think the evidence is very convincing that that view of language structure is entirely erroneous, and that it's a very bad way — certainly an unprincipled way — to teach language.' ... Chomsky's attack on this form of language teaching is not only unduly harsh, but, I would say, unfounded."

A. V. P. Elliott vom University of London Institute of Education schreibt deshalb mit Recht:
„Simple habit-forming drills, such as pattern practice, have their place, then, in the early part of a language course, but they have often been carried on for too long when they should have given way to more advanced types of teaching and practice."
(In: English Language Teaching, vol. XXVI, No. 3, June 1972, p. 220.)

(4) Auf der obersten Ebene nehmen wir schließlich die Existenz von *„transformation* rules" an[38].

Für die Muttersprache setzen wir hier eine Kompetenz voraus, die uns befähigt, auch Sätze zu bilden, die wir in dieser Form von unserer Umwelt vorher noch nie gehört haben; ebenso sind wir in der Lage (und hier ist unsere Kompetenz größer als im produktiven Bereich), auch Sätze zu verstehen, die wir in dieser Form selbst noch nie gebildet haben.

Für den Fremdsprachenunterricht stellt diese Kompetenz ein Ziel dar, dem wir uns in der Sekundarstufe I nur in *kleinen Teilschritten* nähern können; die Gradation wird so aussehen:

Imitate ⟶ Manipulate ⟶ Expand ⟶ Create

Wir können die Lernenden anleiten, gelernte Sätze zu modifizieren, wir können ihnen in „transformation exercises" (siehe Band II) zeigen, wie neue Sätze generiert werden können, falls das sprachliche Problem, wie z. B. beim Relativsatz, sich dazu anbietet:

S_1 = I bought a violin.
S_2 = The violin belonged to Mr. Reed.
S_3 = I bought a violin which belonged to Mr. Reed.

Voraussetzung:
1. NP_2 des S_1 ≙ NP_1 des S_2
2. NP_2 des S_1 = N_{in} (inanimate)

Ein weiteres Beispiel für „transformational exercises" können z. B. die sog. „Existential Sentences" bilden.

---

[38] Vgl. dazu: Miller, G. A.: „Some psychological studies of grammar". In: American Psychologist, 1962, 7, pp. 748—762

Man kann den *Transformationsbezug* zwischen bestimmten „clause types" und den Existential Sentences wie folgt aufzeigen:

S V C (subject complement)
S V A (adverb of place)
S V intrans.
S V O
S V O direct   C (object complement)
S V O   A (place)
S V O indirect O direct

all diese Sätze können transformiert werden, vorausgesetzt:
1. S (NP_1) hat ein „indefinite subject"
2. VP enthält eine Form von BE

Dann ergibt sich folgende Transformationsäquivalenz:
subject + (auxiliaries) + BE + predication → there + (aux.) + BE + subject + predication

Type SVC
Something must be rotten. →   There must be something rotten.
Type SVA
Was anyone in the house? →   Was there anyone in the house?
Type SV
Nobody was sleeping. →   There was nobody sleeping.
Type SVO
Someone is getting a letter. →   There is someone getting a letter.
Type SVOC
Someone is painting the fence red. →   There is someone painting the fence red.

Type SVOA
A servant is putting the plates on the table. →   There's a servant putting the plates on the table.
Type SVOO
Something is giving her joy. →   There is something giving her joy.

In der obigen Liste sind die *genaueren* Bezeichnungen der Verb Phrases, wie sie sonst üblich und nötig sind, *weggelassen*. Trotzdem zeigen die Beispiele bereits, daß für den Unterricht die abstrahierten Satzbaupläne aufgrund ihrer komplizierten Nomenklatur weitgehend unbrauchbar sind.
Was zu realisieren ist, sind Übungen mit *konkreten* Sätzen, die umzuformen sind.
Solche „transformation exercises" sind natürlich keine TG-Grammar im wissenschaftlichen Sinne. Sie entsprechen aber dem Geist der TG-Grammar, weil der Lernende so vom „sentence recognizer" zum „sentence producer" wird. Wir vermitteln ihm ein intuitives Gefühl für Grammatik und machen ihm Mut, kreativ mit dem Sprachmaterial umzugehen.
Manche Lehrbücher, wie z. B. „English is fun" enthalten bereits eine Reihe von solchen Sprachübungen.

Erst auf der Grundlage dieser vierten Ebene wird der Lernende wirklich in die Lage versetzt, in der Fremdsprache zu dem Leitziel „free speech" vorzustoßen, wo er verständlich über das reden kann, was ihn gerade beschäftigt. Wie uns allerdings die Praxis zeigt, wird dieses Ziel von den meisten Lernenden nur annähernd erreicht (= „Teilkompetenz").

Der Grad, inwieweit gelerntes Sprachmaterial modifiziert und transformiert werden kann, zeigt uns im Unterricht deutlich die breite Streuung der einzelnen Begabungen. Eine erhebliche Anzahl von Lernenden erwerben für die Fremdsprache ein *Wissen* um die Struktur dieser Sprache (= „competence"), das immer wesentlich geringer sein wird als ihre muttersprachliche Kompetenz, und das von S. Pit Corder mit dem Ausdruck „transitional competence" bezeichnet wurde.

Dies gilt es realistisch zu sehen. Dabei soll vor zweierlei Fehlern gewarnt werden:

Wir dürfen, gerade weil wir um die Gefahren der „free speech" wissen (Gefahren im Sinne von Fehlermöglichkeiten), uns nicht ewig bei substitution practice und pattern practice aufhalten, nur um gewisse Enttäuschungen zu vermeiden. Der Sprung ins kalte Wasser (= free selection) muß nach sorgfältiger Vorbereitung gewagt werden. Auch Lado hat im übrigen davor gewarnt: „Some teachers become so enthusiastic over pattern practice that they attempt to do all their teaching through it. This ist not justified, since not all language learning is of the pattern type. Pattern practice fits between practice with conscious choice and free selection. The major stages of teaching a second language can be listed in order as follows: (1) mimicry-memorization, (2) conscious choice, (3) pattern practice, and (4) free selection (Lado, a. a. O., S. 112)."

Wir dürfen aber auch nicht *zu früh* zum freien Sprechen vorstoßen; Imitation und Habit-formation sind nötige Lernphasen im Englischunterricht der Sekundarstufe I und sollten auch angesichts der jüngsten Begeisterung für „creative speaking" nicht geringgeachtet werden. Auch Chomsky gibt zu, daß selbst beim Erwerb der *Muttersprache* die Imitation eine Rolle spielt. Mit Recht warnt W. R. Lee vor zuviel Begeisterung für die „creative theory":

„But clearly, whatever the inventive powers of the young child, imitation is also likely to be at work. The mere fact that many of the child's utterances resemble the adult's, or those of other children, should give us pause in the face of the ‚creative' theory." (English Language Teaching, vol. XXVII, No. 3, June 1973, p. 240).

Es gilt hier — wie so oft in Fragen der Methodik — einen vernünftigen Kompromiß zwischen „zu früh" und „zu spät" zu finden. Der Lehrer darf bei seinen Erwartungen nicht zu hoch zielen. Lernende, die sprachliches Material in bestimmten Situationen nur auswendig gelernt haben (= learning by rote), werden die größten Schwierigkeiten beim Umgang mit neuen Sätzen haben; Lernende, die *nur* durch Substitutionstafeln unterrichtet wurden (= learning by means of word position in the sentence), sind bei Modifikationen noch erfolgreich, haben aber bei Transformationen (= Satzbauänderungen) Schwierigkeiten; Lernende, die den Wortschatz strukturiert gelernt haben (= inferring word classes) und die Regeln für Kombinationsmöglichkeiten (= rules for combination) internalisiert[39] haben, sehen sich mit den geringsten Schwierigkeiten beim Umgang mit neuem Sprachmaterial konfrontiert[40].

Da aber nicht alle Schüler der Sekundarstufe I bis zur dritten erwähnten Lernweise vorstoßen können, ist es evident, daß eben auch beim besten Fremdsprachenunterricht die Ergebnisse bei der Realisation des Lernzieles „free speech" sehr unterschiedlich sein werden. Wobei wir uns im klaren sind, daß die oben beschriebenen Lernweisen das Gesamtproblem nur *annähernd* adäquat wiedergeben, und noch andere Faktoren (wie z. B. Motivation, Begabung für Fremdsprachen) berücksichtigt werden müssen.

Noch eine abschließende Beobachtung zu den vier Ebenen des „verbal behaviour", die für unsere Unterrichtsplanung und Unterrichtsgestaltung von Bedeutung ist:

Eine Reihe von Linguisten[41] haben mit ziemlicher Sicherheit nachgewiesen, daß das „verbal behaviour" hierarchisch strukturiert ist, d. h. daß es von „top to bottom", von den größeren Einheiten zu den kleineren Einheiten fortschreitend ist. Dieses Ergebnis, das sich hier primär auf die Muttersprache bezieht, läßt den Schluß zu, daß auch im Fremdsprachenunterricht ein ganzheitlicher Lernprozeß (= „global approach") adäquat ist, der allerdings nicht die Analyse und die Differenzierung von kleineren Teileinheiten vernachlässigen darf. Der globale Charakter des Fremdsprachenlernens wird auch von den belgischen Linguisten de Grève und van Passel[42] betont.

Wir haben nun untersucht, wie „verbal behaviour"[43] linguistisch erklärt werden

---

39 „Internalisiert" bedeutet, daß diese Regeln unbewußt angewandt werden können, d. h. daß sich das Bewußtsein des Sprechers nicht auf die Sprachform, sondern nur auf den Sprachinhalt richtet.
40 Die hier angeführten Ergebnisse sind einem Experiment entnommen, das beschrieben ist von Sol Saporta (et al.): Grammatical Model and Language Learning. In: Directions in Psycholinguistics, a. a. O., S. 27
41 Vgl. dazu: Miller, Galantes and Pribram (1960) und: Carroll, J. B. (1963), S. 93
42 Vgl. dazu: de Grève, van Passel (1971), S. 50
43 Unsere Darstellung, also das Modell von Noam Chomsky, unterscheidet sich prinzipiell von B. F. Skinners behavioristischer Interpretation des Sprachverhaltens (vgl. Skinner, B. F.: Verbal Behavior. New York: Appelton-Century-Crofts, Inc., 1957); Skinner sieht den Sprecher nicht als „causa", sondern weitgehend nur als „locus" des Sprechens. Für Skinner ist der linguistische Aspekt des Sprachverhaltens als „autoclitic behavior" zu erklären.
Um welches Verhalten geht es da? Skinner faßt es wie folgt zusammen:
„The term ,autoclitic' is intended to suggest behavior which is based upon or depends upon other verbal behavior (a. a. O., S. 315)."
Diese Kategorie führt ihn schließlich dazu, das gesamte grammatikalische Regelverhalten als „autoclitic process" hinzustellen (vgl. Chapter 13, S. 331 ff.). Verallgemeinernd ausgedrückt besagt dies, daß ein Satzteil als „controlling stimulus" auf den nächsten wirkt, so daß sich die gesamte Syntax als ein Vorgang darstellt, der sich ohne „scanning pro-

kann und welche Konsequenzen die Tatsache, daß language als „rule-governed behaviour" zu sehen ist, mit sich bringt.
Inwieweit das Erkennen von Regeln im Sprachlernprozeß zu implizieren ist, soll noch einmal im nächsten Kapitel geprüft werden.

3. Linguistische Grammatikmodelle und pädagogische Grammatik

Zum Abschluß dieses Kapitels wollen wir noch kurz andeuten, welche Relevanz die Grammatikmodelle der modernen Linguistik für den Englischunterricht haben und welche Rolle dabei die sog. „pädagogische Grammatik" übernehmen soll.
Wir haben im Vorhergehenden gesehen: wenn es zum konkreten Sprechvorgang (= performance) im Sinne des „creative speaking" kommen soll, muß der Sprecher zuerst über eine Sprachkompetenz verfügen, er muß ein System von Regeln internalisiert haben.
Ebenso konnten wir feststellen, daß es im Englischunterricht nicht darum geht, etwas bereits Bestehendes zu beschreiben oder aufzuzeigen, nach welch internalisierten Regeln wir Sätze produzieren; im FU geht es darum, *dieses Regelsystem erst verfügbar* zu machen.
Grammatikmodelle, die etwas bereits Bestehendes beschreiben, können für den Fremdsprachenunterricht Anregung und Impulse vermitteln. Sie können aber nicht unmittelbar zur Anwendung gelangen, sie müssen ausgewählt und dem Unterricht angepaßt werden. W. F. Mackey beschrieb diesen Tatbestand recht treffend: „. . . the problem of the language teacher is not only whether or not to apply linguistics, but whose linguistics to apply and what sort." (Mackey, W. F.: Applied Linguistics: its meaning and use. In: English Language Teaching, vol. XX, 1966, p. 198.)
Was wir im Unterricht brauchen, ist eine pädagogische oder praktische Grammatik, die aus wissenschaftlichen (scientific) Grammatiken extrahiert und dem betreffenden Unterrichtsproblem angepaßt ist.

Aus der Reihe der besonders bedeutenden wissenschaftlichen Grammatikmodelle bieten sich heute an:

a) die sog. „traditional grammar"
b) die sog. „structural grammar"
c) die sog. „transformational-generative grammar" (TG-Grammar)
d) die sog. britische Schule des Kontextualismus.

---

cesses" abwickelt (vgl. dazu auch Chomskys „Review of B. F. Skinner's Verbal Behavior", S. 573, reprint. in: The Structure of Language, J. A. Fodor/J. J. Katz (ed.), Englewood Cliffs, New Jersey, 1964).

Unsere Aufgabe stellt sich also so dar:

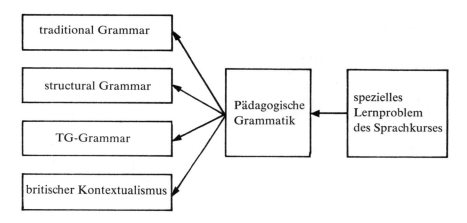

Die pädagogische Grammatik muß also auswählend, d. h. eklektisch sein. Ihre Funktion hat R. A. Jarvis wie folgt beschrieben:

„A pedagogical grammar, then, must make virtue of eclecticism; its author — the ‚applied linguist' — is a scavenger, picking and choosing among the formal statements available to him. His choice is guided not merely by empirical adequacy of a particular scientific grammar as a total description of the language, but also by its pragmatic value for language teaching ...
Pedagogical grammars are not required to attain the standards of empirical validity demanded of scientific grammars. Such grammars are validated in so far as they promote quick, useful, and successful learning. They should provide schemata which guide the learner to organise and systematise his knowledge, and in doing this a degree of oversimplification may be inevitable." (Jarvis, R. A.: A Pedagogical Grammar of the Modal Auxiliaries. In: English Language Teaching, vol. XXVI, No. 3, June 1972, p. 239.)

Im Rahmen dieses Buches können wir die vier oben zitierten wissenschaftlichen Modelle nur kurz skizzieren. Ausführliche Darstellungen bieten u. a. die Untersuchungen von Emil Mihm[44] und Werner Hüllen[45].

a) *die „Traditional Grammar"*

Aus dem sprachwissenschaftlichen Methodenstreit unserer Tage geht die sog. „traditionelle" Grammatik als besonders angegriffen und abgewertet hervor. Nun darf nicht übersehen werden, daß sich unter dem Namen „traditionelle" Grammatik sehr heterogene Strömungen verbergen, auf die hier allerdings im

---

[44] Mihm, E. (1972), S. 203—248
[45] Hüllen, W. (1971), S. 85—156

einzelnen nicht eingegangen werden kann (z. B. die „positivistische" historische Grammatik der Jahrhundertwende, die kulturmorphologische Richtung[46] u. a.). Insgesamt wirft man der traditionellen Grammatik eine mangelnde Differenzierung von Form und Funktion der Sprache vor, ein zu starkes Haften am Vorbild der lateinischen Grammatik, eine zu präskriptive Darstellungsart, meist verbunden mit einseitigen Belegstellen aus der literarischen Sprache, ein Vorbeigehen an den Ergebnissen der linguistischen Forschung seit F. de Saussure. Extreme Kritiker wie der Amerikaner Francis werfen ihr vor „vorwissenschaftlich" zu sein: „It is now as unrealistic to teach ‚traditional' grammar of English as it is to teach ‚traditional' (i. e. pre-Darwinian) biology or ‚traditional' (i. e. four-element) chemistry[47]."

Und die Kritik aus England lautet ähnlich scharf: „... unclear categories, heterogeneous criteria, fictions, conceptual formulations and value judgements. To these could be added two more inaccurate phonetics, and confusion of media[48]."

Wichtig ist für uns diese Kritik vor allem deshalb, weil die meisten Schulgrammatiken eben auf dieser traditionellen Grammatik basieren; so spricht z. B. Mindt davon, „... daß die heutige Schulgrammatik im großen und ganzen auf der traditionellen Grammatik beruht...[49]" und stellt fest: „Von Kritikern aller Provenienz wird die Schulgrammatik nahezu ausnahmslos mit traditioneller Grammatik gleichgesetzt (a. a. O., S. 11)."

Nun muß man aber zugeben, daß es einige sog. traditionelle Grammatiken gibt, die weitgehend deskriptiv in der Ausrichtung sind, eine Reihe von Modifikationen in der Terminologie durchgeführt und eklektisch den einen oder anderen Aspekt aus neuen Grammatikmodellen übernommen haben (sei es aus der „Structural Grammar", sei es aus der „TG-Grammar"). Diese Werke[50] bieten für den Englischlehrer den Vorzug, daß sie ohne besondere linguistische Vorbildung zu verstehen sind.

Und wie umfassend ist die Information, die er sich dort holen kann? Die Untersuchung von Dieter Mindt, der einige der gängigen Schulgrammatiken mit strukturellen und TG-Grammatiken anhand von speziellen Grammatikproblemen verglich, kommt zu dem erstaunlichen Ergebnis: bei den Aussagen der jeweiligen Grammatiken, die *didaktisch verwertbar* sind und ein Problem *umfassend* darstellen, schneidet die so viel gelästerte traditionelle Grammatik am besten ab. Daraus zieht Mindt u. a. die folgenden Schlüsse:

---

46 Vgl. dazu: Helbig, G. (1971), S. 11—39
47 Francis, W. N.: Revolution in Grammar. In: Readings in Applied Linguistics. (Harold B. Allen, ed.), New York, 1964, p. 73
48 Halliday, M. A. K. (1964), p. 157
49 Mindt, D. (1971), S. 8/9
50 Vgl. dazu die neueren Werke, z. B. *Zandvoort,* R. W.: A Handbook of English Grammar. London: Longmans, 1957. *Lamprecht,* A.: Grammatik der englischen Sprache. Berlin: Cornelsen, 1972². *Quirk,* R. et al. (1972 u. 1973)

"(1) Eine Neugestaltung der Schulgrammatik auf der Basis des taxonomischen Strukturalismus ist nicht möglich, da zu viele Probleme in der strukturellen Grammatik gar nicht oder für didaktische Zwecke nicht zufriedenstellend gelöst sind und da zur Zeit wesentliche Weiterentwicklungen dieses Grammatikmodells nicht zu erwarten sind.

(2) Eine Neugestaltung der gesamten Schulgrammatik auf der Basis der generativen Transformationsgrammatik ist nicht möglich, da der heutige Entwicklungsstand der generativen Transformationsgrammatik eine eigenständige deskriptive Lösung der meisten Probleme noch nicht erlaubt. Die Forderung einer pauschalen Ablösung der heutigen Schulgrammatik durch die generative Transformationsgrammatik ist beim augenblicklichen Entwicklungsstand der generativen Grammatik nicht vertretbar (a. a. O., S. 206)."

Im Hinblick auf die TG-Grammar kommt der Engländer Frank C. Parkinson[51] zu einem ähnlichen Ergebnis: „.... there is ... reason at the practical level to continue to use a less controversial grammatical framework until an obviously better one has been devised."

Es fehlt auch nicht an Versuchen, die aufzeigen wollen, daß der Graben zwischen traditioneller und strukturalistischer Grammatik viel kleiner ist, als dies bei der Heftigkeit, mit der die Linguisten ihre Kontroversen austragen, angenommen werden kann (vgl. dazu den Beitrag von Kurt Baldinger[52]).

Für unsere *Unterrichtsplanung* bedeutet dies, daß im Regelfall das Modell der „Traditional Grammar" z. Z. immer noch dasjenige ist, wo wir für ein spezielles Lernproblem eine lückenlose Information beziehen können, die didaktisch am besten verwendbar ist.

b) *die „Structural Grammar"*

Der Strukturalismus hat seit den fünfziger Jahren den Englischunterricht — sei es als Mutter- oder Fremdsprache — nachhaltig beeinflußt. Kein Wunder, denn Strukturalisten wie Bloomfield, Fries und Lado haben sich nicht nur mit Linguistik, sondern auch mit Fremdsprachenunterricht befaßt. Im Gegensatz zur „Traditional Grammar", so glaubt W. F. Francis, erfülle die strukturelle Grammatik die folgenden für eine Sprachtheorie notwendigen Erfordernisse:

„(1) simplicity, (2) consistency, (3) completeness, and (4) usefulness for predicting the behavior of phenomena not brought under immediate observation when the theory was formed (a. a. O., S. 71)."

Während die traditionelle Grammatik ihr Augenmerk vor allem auf das Einzelwort richtete („word-centered thinking" nach C. Fries), wollte die strukturelle Grammatik seit de Saussure, Bloomfield und C. Fries[53] dafür eine „structure-

---

[51] Parkinson, F. C.: Transformational Grammar and the Practical Teacher. In: English Language Teaching, vol. XXVII, No. 1, Oct. 1972, p. 8
[52] Baldinger, K.: Traditionelle Sprachwissenschaft und historische Phonologie. In: Zeitschrift für romanische Philologie, Bd. 79, 1963, S. 530—566
[53] Fries, Ch. (1962)

centered view" (nach C. Fries) setzen. Ausgangsbasis ist dafür die Überzeugung, daß jede Sprache ein in sich geordnetes System (= language is „systematic") immer wiederkehrender Gleichheiten darstelle und so vollständig beschreibbar sei: Dabei ist es für unsere Zwecke nur von untergeordneter Bedeutung, ob der Strukturalismus, der seinen Ursprung in dem Oppositionscharakter des Lautsystems der Sprachen hat, auf N. S. Trubetzkoy zurückzuführen ist (wie dies E. Mihm, a. a. O., S. 214 nachweist) oder sogar in seinen Ansätzen bis auf Grimm zurückgeführt werden kann, wie dies John T. Waterman (a. a. O., S. 82) aufführt:

> „I trust that the reader has by now been convinced that Grimm's real contribution was not merely a description of what happened (which others had seen as clearly as he), but an explanation of how it had happened — not in the psychological terms but in structural terms. His language lacks precision and he was guilty of gross inconsistencies, but his intent is clear. He was far, far ahead of his time. He was, in fact, one of the first structuralists."

Entscheidend ist, daß seit Bloomfield und Fries der Strukturalismus ein Funktionsmodell ist, das aus einem hierarchisch geordneten Oppositionsmodell besteht. Allerdings klammerte man seit Bloomfield[54] einen Teil der Saussureschen Opposition (nämlich den „Begriff", das „signifié") aus, weil Bloomfield glaubte, daß die Beschreibung des Einzelbegriffes der „weak point" (a. a. O., S. 140) der Linguistik sei; nur die „mentalistische Schule" könne Bedeutung definieren, diesen Weg lehnte er aber ab[55] und überließ die Beschreibung von „meaning" anderen Wissenschaften. Deshalb konzentrierte sich die strukturalistische Grammatik nur auf die Beschreibung des phonologischen, syntaktischen und morphologischen Systems, wobei sie aufzeigte, wie die Segmente der sprachlichen Äußerungen durch die Einteilung[56] des Ortes, wo sie im Satz vorkommen, zu Wortklassen zusammengeführt werden können. Durch dieses Verfahren kann man Phoneme, Morpheme, unmittelbare Konstituenten (= die Hauptteile einer Struktur) und Sätze („utterances") nach ihrer Verteilung („distribution") bestimmen. Wir kommen so zu einer „Distributional Grammar", die die Segmente einer Sprache *von außen* her beschreibt.

Von da an können wir *zwei* Arten des Strukturalismus unterscheiden:

(1) die *tagmemische Sprachbeschreibung* mit ihrer slot-and-filler-technique, wie sie Kenneth L. Pike[57] beschrieben hat, und (2) die Beschreibung einer Struktur nach unmittelbaren Konstituenten (= immediate constituents), die sog. *Kon-*

---

[54] Bloomfield, L. (1933)
[55] Eine Darstellung des Streites zwischen „mentalists" (= Sprachverhalten wird vom Geist gesteuert) und „mechanists" (= Sprachverhalten ist rein physisch zu beschreiben) bietet: Mues, W. (1962), S. 7/8
[56] Deshalb kam es zur Begriffsbildung „taxonomischer" Strukturalismus; eine umfassende Einführung bietet u. a.: Hockett, Ch. F. (1964[7])
[57] Pike, K. L. (1967)

stituentenanalyse. Aus beiden Ansätzen hat sich der für den Fremdsprachenunterricht so bedeutsame pattern practice entwickelt.

Zu (1): Bei Pike überwiegt der funktionale Aspekt: die Struktur wird als Funktionsraster gesehen, an deren einzelnen Füllstellen (= „slots") Füllelemente, d. h. Wörter und Wortketten (= „fillers"), die ihrerseits entsprechend gerastert sind, eingesetzt werden können. Die Wechselbeziehung von Füllstellen und den passenden Füllelementen wird „Tagmeme" genannt. Jede sprachliche Äußerung ist als eine Kette von Tagmemen zu sehen.

Jede Füllstelle ist *funktional* bestimmt (z. B. eine Nominal-Phrase), die von verschiedenen Typen von „fillers", die wiederum eine Wortklasse darstellen, ausgefüllt werden kann:

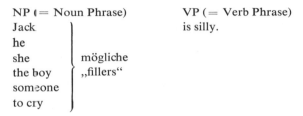

NP (= Noun Phrase)　　　　　VP (= Verb Phrase)
Jack　　　　　　　　　　　　is silly.
he
she　　　　　mögliche
the boy　　　„fillers"
someone
to cry

Diese „slot-and-filler"-Technik, wie sie von Pike zur Satzanalyse eingeführt wurde, bildet die theoretische Grundlage vieler pattern drills: als Austausch- und Erweiterungsübungen stellen sie im Englischunterricht der Sekundarstufe I eine wichtige Übungsform dar (vgl. dazu unsere Ausführungen bei den Ebenen zwei und drei des „language behaviour"). Hier geht es darum, die „class-structure" des vocabulary pools nach *Funktionsklassen* einzurichten, und *„phrase-structure rules"* zu internalisieren. Dazu ein Beispiel:
Wir geben eine Struktur vor:
She gives the flowers to Dolly.
Dann werden eine Reihe von „fillers" in ungeordneter Form dargeboten, z. B.:
him, he, some books, them, sends, us, offered, my photos.
Die Lernenden müssen anzeigen, in welche „slots" die Füllelemente passen. So können wir das Sprachgefühl der Schüler für die funktional zusammengehörigen Satzteile und für die Wechselbeziehungen der modifizierenden Elemente schulen. Es wird eine Satzanalyse durchgeführt, die die funktionalen Beziehungen der Satzteile berücksichtigt und eine Unterscheidung und Klassifizierung der Wortarten ermöglicht[58].

Zu (2): Die sog. *„Konstituentenanalyse"* ist die andere linguistische Fundierung des pattern practice.

---

58 Eine ausführliche Darstellung der funktionalen Grammatik — vor allem mit einer Berücksichtigung ihrer Varianten in der Linguistik der DDR und der Sowjetunion — bietet Gerhard Helbigs Untersuchung: Helbig, G. (1971), S. 162 ff.

Bis zum Erscheinen des Buches „Syntactic Structures"[59] von Noam Chomsky im Jahre 1957 hofften die amerikanischen Strukturalisten, die Struktur des Englischen durch ein System von „immediate constituents" erklären zu können. Chomsky lehnte keineswegs die gesamte Konstituentenanalyse ab, wies aber nach, daß sie durch die TG-Grammar ergänzt werden müsse. Die Abrundung seiner Theorie erfolgte dann 1965 in seinem Werk „Aspects of the Theory of Syntax"[60]. Ehe wir uns Chomskys Modell zuwenden, wollen wir aber noch einen Blick auf die Konstituentenanalyse werfen. Dazu ein Beispiel:

Der Satz:

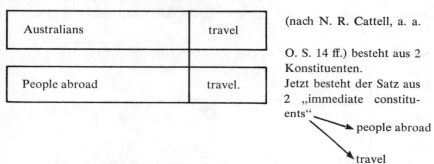

(nach N. R. Cattell, a. a. O. S. 14 ff.) besteht aus 2 Konstituenten.
Jetzt besteht der Satz aus 2 „immediate constituents"

people abroad

travel

Das Einzelwort „people" ist nur ein Konstituent, ebenso das Wort „abroad". Zusammen ergeben sie semantisch einen Hauptteil des Satzes und werden somit als „immediate constituent" bezeichnet. Durch Substitution kann ich die Zahl der Konstituenten erweitern:

Australians				travel			
People		abroad		shift		constantly	
My	friends	in	Europe	move	about	every	day
My	wealthy	friends	on	the	Riviera	are	moving	about	every	day

Die Konstituenten-Struktur des letzten Satzes zeigt, daß er auf zwei „immediate constituents" zurückgeht:

My wealthy friends on the Riviera	are moving about every day

---
[59] Chomsky, N. (1957)
[60] Chomsky, N. (1965)

Cattell schließt mit der Feststellung: „Because every word is ultimately divided off from every other word, the reader may be misled into thinking that every sequence of words is a constituent of something; but this is not so. *The Riviera are is* not a constituent of anything, nor is *moving about every*. The constituent groupings are made in a way that reflects our intuitive knowledge about the construction of the sentence (a. a. O., S. 16)."
Diese Einteilung in unmittelbare Konstituenten[61] verlangt eine Sprachkompetenz (= „intuitive knowledge about the construction"), damit es zur richtigen Segmentisierung kommt und bringt damit überraschenderweise ein semantisches Prinzip ins Spiel, denn auch der Inhalt des Satzes — nicht nur die Form (so wie es Bloomfield wünschte) — muß hier untersucht werden.
Im Englischunterricht kann durch diese Art von Substitutionstafeln ein pattern practice durchgeführt werden, der eben jenes „intuitive knowledge about construction" im Sinne einer Sprachkompetenz entwickeln hilft.
Dazu kommt, daß die Struktur durch die Konstituentenanalyse entweder in Form von *Schemata* (wie oben) oder in Form von *Strukturbäumen* sichtbar gemacht werden kann:

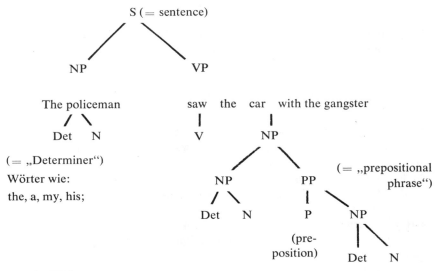

---

61 Der Begriff der „*immediate constituents*" (meist abgekürzt als „ICs") hängt eng zusammen mit den Begriffen „*constituent class*" (wird bestimmt durch die Tatsache, daß man die Wörter einer Klasse gegenseitig substituieren kann, „mutual substitutability", wie z. B. *the man — he*), und „*construction pattern*" (= Klassifizierung von verschiedenen „construction types" einer Sprache in *vergleichbare Konstruktionen*, für die eine gemeinsame *syntaktische* Analyse erstellt werden kann, wobei die sog. „*suprasegmentalen*" Elemente — d. h. die Betonungs- und Intonationsmuster — ebenfalls übereinstimmen müssen). Die Gesamtproblematik der ICs ist so komplex, daß eine differenzierte Behandlung im Rahmen dieser Einführung nicht gegeben werden kann; sie ist auch nur für den Linguisten relevant. Eine klar lesbare und umfassende Darstellung der ICs bietet das 10. Kapitel von: Gleason, H. A. (1967).

Für manche Lerngruppen — vorab auf dem Gymnasium und der Realschule — kann ein solcher Strukturbaum vorgegeben werden (anhand eines Beispiels); im Anschluß daran liefert die Lerngruppe durch Substitution der Einzelelemente eine Fülle von gleichstrukturierten Sätzen. Man kann dann durch einen zweiten Strukturbaum, der an *einer* Stelle eine Veränderung aufweist (z. B.: die PP wird abgelöst durch eine Instrumental Phrase: The policeman saw the car *with his glasses),* die Übung variieren und somit anhand der Strukturbäume Sätze erzeugen lassen, wie sie sonst durch Substitutionstafeln im Sinne von Palmer — allerdings ohne den sprachanalytischen Aspekt des Strukturalismus — gebildet werden können. Weitere Substitutionsübungen aufgrund der Konstituentenanalyse sind:
Substitution von Endkonstituenten, wo jeder Konstituent substituiert wird:

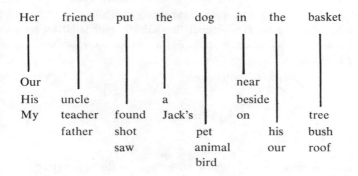

Gibt der Lehrer die Endkonstituenten wie im Schema oben vor, so erfolgt eine Übung mit einer gewissen Mechanik, die dem Lernenden schnell und ohne große Mühe zu einem Erfolgserlebnis verhilft. Wir können diese Übung variieren, indem wir den Wortschatz für die einzelnen Spalten im Unterrichtsgespräch mit der Klasse gemeinsam erarbeiten, ehe die potentiellen Sätze gelesen oder geschrieben werden.

Nach einer ersten Übungsphase kann der Lehrer die Wörter von einer oder von mehreren Spalten an der Tafel weglöschen, um so durch „withdrawal of visual support" die Sprech- oder Schreibübung etwas weniger mechanisch zu gestalten.

Auch sind u. a. patterns möglich, wo z. B. eine Substitution in der Noun Phrase 1 (the uncle, the woman) ein überlegtes Auswählen in der Noun Phrase 2 (his . . ., her . . .) vom Schüler verlangt.

Schließlich kann ein Modellsatz wie der von Cattell in seiner Endfassung vorgegeben werden und wir zeigen durch die *Wegnahme* von „immediate constituents" die Ausgangsstruktur des Satzes auf.

Durch Substitution, Reihenbildung, Erweiterung und Wegnahme ermuntern wir die Lernenden, Sprache zu *generieren,* ohne daß besondere grammatische Definitionen nötig sind. Bei den meisten Übungen besteht jedoch die Gefahr, daß neue Sätze generiert werden, deren veränderter *Satzinhalt* dem Übenden nicht bewußt wird; ein „Einschleifen" im Sinne des behavioristischen „overlearning"[62] muß vermieden werden: mit einem nur *auswendig* gelernten pattern kann der Lernende letztlich nicht kreativ werden, er muß wissen, *was* er übt und welches *Regelverhalten*[63] sich hinter dem Geübten verbirgt.

All diese Übungen, die auf die Tagmemik oder die Konstituentenanalyse zurückgehen, stellen relativ einfache Lernweisen dar, durch die der Lernende etwas über die Auswechselbarkeit einzelner Segmente bei *unveränderter* grammatischer Gesamtstruktur des Modellsatzes erfährt. Lexikalisches und grammatisches System können getrennt behandelt werden, im Sinne einer Reduktion von Schwierigkeiten, vor allem dann, wenn der Wortschatz bereits klassifiziert vorgegeben wird.

Diese Übungsformen ermöglichen es, vom „Wort-und-Regel-Lernen" wegzukommen und zum Satzlernen (im Sinne eines „global approach") vorzudringen (vgl. dazu Belyayevs Kritik im nächsten Kapitel)!

Wir sehen, wie pattern practice eine notwendige und intensive Übungsphase ausmacht, aber eben *nur* eine Durchgangsphase im Gesamtlernzyklus darstellen sollte.

Die Bereitstellung dieser Übungsformen für die Didaktik des Fremdsprachenunterrichts stellt für uns Lehrer den wesentlichen Beitrag der strukturalistischen Linguistik dar.

c) *die TG-Grammar*

Wie wir bereits im Vorhergehenden erwähnt haben, wurde seit 1957 der Strukturalismus durch Noam Chomskys TG-Grammar weiterentwickelt. Chomskys Haupteinwand richtete sich gegen die Methoden struktureller Sprachanalysen: Segmentierungs-, Klassifizierungs- und Substitutionsverfahren bieten nach Chomsky keinen Einblick, *wie* es zu „language behaviour" kommt; diese Verfahren erklären nicht die menschliche *Sprachkompetenz*.

Seine Kritik ist von erheblicher didaktischer Relevanz: alle Übungsformen der

---

62 „Overlearning" bedeutet die Optimalisierung des Lernprozesses durch intensives Üben über jenen Zeitpunkt hinweg, an dem das als Nahziel geforderte Lernresultat erreicht worden ist. Üben wird als eine Fertigkeit von Kopplungen bestimmter „responses" (= Reaktionen) an „stimuli" (= Reize) gesehen. Dieses S-R Learning erfolgt ohne kognitive Lernprozesse (= habit learning). Je häufiger die Kopplungen eingeschliffen werden, desto besser. Wenn etwas sprachlich nicht beherrscht wird, ist es nie auf Mangel an Verstehen, sondern immer auf Mangel an Übung zurückzuführen (vgl. dazu Bloomfields „Outline Guide for the Practical Study of Languages", Baltimore: Linguistic Society of America, 1942, das mit den pathetischen Worten: „Practice, Practice!" endet).
63 Vgl. dazu die Untersuchungen von:
1. Pollitzer, R. L.: The Role and Place of the Explanation in Pattern Drill. IRAL (International Review of Applied Linguistics in Language Teaching), 1968, pp. 315—331
2 Wertheimer, M. (1945), p. 112
3. Bruner, J. S.: On Cognitive Growth I & II. In: Studies in Cognitive Growth — A Collaboration at the Center for Cognitive Studies, (Bruner, J. S. et al.), New York, 1966, 13—19

Strukturalisten sind eng mit Skinners behavioristischer Lernpsychologie verbunden, die Sprachverhalten nur als „habit-learning" erklären wollte[64].

Durch den entscheidenden Einfluß von Robert Lado auf die Fremdsprachenmethodik in den westlichen Ländern, erschien es jahrelang vielen Didaktikern als verpönt, auch kognitive Lernweisen im Fremdsprachenunterricht einzusetzen.

Erst Chomskys Definition der Sprachkompetenz bestritt die seit Bloomfield fast einhellige Auffassung, daß sich jeder Mensch als Kind seine Muttersprache *ausschließlich* durch Gewöhnung aneigne und seine Sprachfertigkeit Schritt für Schritt *nur* durch imitierendes Üben vervollkommne[65].

Chomskys Sprachkompetenz ist eine Universalgrammatik, gültig für alle Sprachen, eine Art von biologischer Anlage in Form der Vorprogrammierung, mit der wir geboren werden[66], und die uns in die Lage versetzt, durch Imitation und Analogielernen, durch Regelfinden und Regelverbessern selbständig Sätze zu bilden (oder auch zu verstehen), die wir vorher so in unserer Umgebung noch nie gehört haben. Diese Sprachkompetenz ist eine Leistung unseres Intellekts; aufgrund dieser Leistung können wir kreativ sein, weil wir ein *System von Sprachregeln* zur Verfügung haben, mit dem wir in relativ kurzer Zeit sowohl die Muttersprache, wie auch später eine Fremdsprache lernen können. Der Fremdsprachenunterricht sollte das, was H. E. Palmer schon in ähnlicher Weise 1921 als „studial capacities"[67] bezeichnete, auch in kognitiven Lernweisen nutzbar machen. Chomsky ging mit seiner Theorie auf die Erkenntnisse des deutschen Sprachforschers Wilhelm von Humboldt (= Sprache als „energeia") und auf den französischen Philosophen René Descartes zurück (= kreativer Aspekt der Sprache).

Die Kritik am amerikanischen Strukturalismus setzte bei uns erst später ein. In Deutschland faßte Nickel[68] im Jahre 1968 die Einwände gegen die strukturelle Grammatik in sechs Punkten zusammen:

„(1) sie beschreibe die Sprache, ohne sie zu erklären, (2) sie schließe psychologische Faktoren aus, (3) sie sei unvollständig, besonders auf dem Bereich der Syntax, (4) sie nehme wegen ihrer Korpusbindung auch ungrammatische Sätze auf, die für Lernzwecke nicht geeignet seien, (5) sie schließe die Bedeutung teilweise aus, (6) wegen ihrer Verbindung mit behavioristischen Prinzipien könne sie durch das einfache Reiz-Reaktionsschema komplexeren sprachlichen Situationen nicht gerecht werden."

---

64 So schreibt Skinner z. B.: „All verbal behavior is, of course, borrowed in the sense of being acquired from other people (a. a. O., S. 73)."
65 Vgl. Prof. W. R. Lee's Leitartikel in ELT: „We must therefore, says Chomsky, abandon the idea that language is merely a system of habits, which are best learnt by forming stimulus response associations." (Lee, W. R.: Editoral. In: English Language Teaching, vol. XXII, No. 1, Oct. 1968, p. 1. London 1968.)
66 Vgl. dazu die psychologische Erklärung dieses Phänomens bei: Oerter, R. (1969), S. 484
67 Palmer, H. E. (1921, reprint. 1964), a. a. O., Chapter 3
68 Nickel, G.: Der moderne Strukturalismus und seine Weiterführung bis zur generativen Transformationsgrammatik. In: Neusprachliche Mitteilungen, I (1968), S. 5—15

Bei aller berechtigten Kritik am Strukturalismus haben wir andererseits eine Reihe von kritischen Stimmen im vorhergehenden schon angeführt, die, so glauben wir, mit Recht davor warnen, jetzt dafür die TG-Grammar *insgesamt* in unsere Methodik einzubeziehen. (Einen Versuch in dieser Richtung deutet Frank Achterhagen[69] in seiner Didaktik an, der jedoch, und dies ist unsere Überzeugung, in der Praxis bestimmt nicht mit *allen* Lerngruppen der Sekundarstufe I durchführbar ist.)
Die begründete Reserve vor einer Umsetzung der TG-Grammar (vgl. dazu Gutschow, H.: Der Einfluß linguistischer Theorien und technischer Entwicklungen auf die Gestaltung des Fremdsprachenunterrichts. In: Neusprachliche Mitteilungen II (1970), S. 92—102, wo Gutschow allerdings auch die sprachtheoretische Grundlegung der TG-Grammar in Frage stellt) auf die Ebene der Methodik sollte aber unserer Ansicht nach den Fremdsprachenlehrer nicht davon abhalten, *einzelne* Impulse — wie oben beim Stichwort „Kompetenz" angedeutet — eklektisch zu übernehmen.
Hat die strukturalistische Grammatik den Impuls zu einer *Einteilungsgrammatik* anhand eines Erkennungsmodells gegeben (mehr auf das Hören und Lesen bezogen), so vermittelt die TG-Grammar den Impuls eines *Erzeugungsmodells* (creative speaking and writing). Denn es ist, wie wir gesehen haben, Chomskys Hypothese, daß wir durch das internalisierte Regelsystem in der Lage sind, eine unbegrenzte Anzahl grammatisch richtiger Sätze zu erzeugen und zu verstehen. Viele Kritiker möchten diese Aussage — soweit sie überhaupt akzeptiert wird — auf die L_1 beschränken.
Chomskys Sprachbeschreibung läßt sich auf drei Komponenten reduzieren: die syntaktischen, die phonologischen und die semantischen Komponenten. Die semantische Komponente stellt die Tiefenstruktur („deep structure") dar, die phonologische gibt uns die Oberflächenstruktur („surface structure"); Bindeglied zwischen „deep structure" und „surface structure" ist die syntaktische Komponente, die alle Transformationsregeln (sog. „rewrite-rules"[70]) enthält, die nötig sind, um aus einem Minimum an Kernsätzen (= „kernel sentences") eine indefinite Zahl an eigenen Sätzen zu erzeugen.
Wie unzulänglich die „surface structure" ist, zeigt die Strukturanalyse des berühmt gewordenen Beispiels:
S_1: John is easy to please.
S_2: John is eager to please.

Nach der strukturalistischen Analyse ergibt sich eine identische Oberflächenstruktur von S_1 und S_2. In dem Augenblick, wo ich eine der „rewrite-rules" für S_1 und S_2 anwende, zeigt es sich, daß die Sätze auf verschiedene „deep structures"[71] zurückzuführen sein müssen:

---

[69] Achtenhagen, F. (1969)
[70] Vgl. dazu: Gleason, H. A. (1967), p. 180
[71] Es ist nicht richtig nur von *einer* Tiefenstruktur zu sprechen; es gibt u. a. syntaktische, logische und semantische Tiefenstrukturen. Vgl. dazu Hüllen, a. a. O., S. 109 und S. 110

It is easy to please John (möglicher Satz)
It is eager to please John* (semantisch nicht möglicher Satz)
Dies zeigt, daß die Analyse der Oberflächenstruktur die Sprache nicht hinlänglich beschreiben kann; sie macht nicht deutlich, daß S_1 und S_2 auf verschiedene Kernsätze zurückgehen (S_1 = Someone pleases John/S_2 = John pleases someone). Erst die Tiefenstrukturen verhelfen uns zu einer umfassenden Beschreibung der englischen Syntax.

Kernsätze („kernel sentences") sind jene einfachen Sätze der Sprache, wo der Unterschied zwischen „surface structure" und „deep structure" minimal ist; d. h. es erfolgt hier kaum eine Umformung (= elaboration) der Basisstruktur. (In der Anfangszeit der TG-Grammar nahm man ca. 7 solcher „kernel-patterns" an, vgl. Cattell: a. a. O., S. 38.)

Damit der Begriff „kernel sentence" anschaulicher wird, möchten wir hier im Sinne der Cattellschen „kernel sentences" Beispiele für die 7 Kategorien geben. Mit Absicht wurde davon Abstand genommen, die sonst übliche *schematisierte* Darstellungsweise der TG-Grammar anzuwenden, da sie manchem Leser unverständlich sein dürfte; daher fehlen bei den Beispielen einige *Variationen* zu den 7 patterns. Dafür haben wir am Rande jeweils auf die unabdingbaren Bestandteile hingewiesen.

Pattern I:	The man is in my office. I will soon be a father.	*unbedingt* erforderlich: NP + BE (irgendeine Form von to be als „main verb", *nicht* als „part of an auxiliary")
Pattern II:	The woman is sick. We are never happy on Mondays.	*unbedingt* erforderlich: NP + BE (wie oben) + Adjective
Pattern III:	The chairman performed his duties hastily.	hier *nur* transitive Verben, die ein Adverb of manner nach sich haben *können*
Pattern IV:	The publishers brought out another edition.	hier nur Phrasal Verbs (= verb + particle; genauere Definition davon bei: Strang, B.: Modern English Structure. 2nd edition, London: E. Arnold, 1970, S. 177 ff.)
Pattern V:	We arrived at the airport.	hier nur: Intransitive Verbs
Pattern VI:	The girl looked pretty. The soup tasted good.	hier *nur* Verben, die einen *Sinneindruck* wiedergeben, sog. Sense Verbs, zu denen allerdings auch noch become, turn, stay gezählt werden
Pattern VII:	I felt a fool. It seemed an unlikely story.	unbedingt erforderlich: Sense Verb + NP

Das Kriterium für die Einteilung in die verschiedenen Patterns ergibt sich aus der Tatsache, daß diese an jeweils *verschiedenen Transformationen* teilnehmen können.

Von solchen „kernel sentences" ausgehend hat Chomsky mit Erfolg den Nachweis erbracht, daß Regeln postulierbar sind, welche aufzeigen, wie aus diesen Kernsätzen eine unbeschränkte Zahl von neuen Sätzen gebildet werden können. Chomskys Verfahren war also nicht ein Einteilungsverfahren, sondern ein Entdeckungsverfahren („discovery procedure").
Es geht also bei diesem Grammatikmodell nicht um die formale Klassifizierung, sondern um die Beschreibung des Regelverhaltens, aufgrund dessen wir neue Sätze generieren. Chomsky vermochte weitgehend nachzuweisen, welche anderen Sätze einer Sprache aus Kernsätzen abzuleiten sind (= Transformationsregeln). Allerdings sind diese Transformationsregeln im allgemeinen noch meist so kompliziert formuliert, daß ihr Einsatz im *Fremdsprachenunterricht* (im Gegensatz zum Unterricht in der L$_1$, wofür Owen Thomas[72] ein Modell geliefert hat) heute noch nicht praktikabel erscheint.
Zum anderen steigert sich zwar aufgrund der stärkeren Konzentration auf die Transformationsvorgänge das Angebot möglicher Satzpläne, aber der Schüler gerät auch in die Gefahr, Sätze zu bilden, die grammatisch möglich, aber in der *gesprochenen* Sprache nicht üblich sind. Barbara Strang[73] kommt anhand dieser Überlegungen zu folgendem, und wie uns scheint, vertretbaren Schluß: „It is because of such reservations that a case can be made that while TG has brought many insights into the structure of English, the time is not yet ripe for adopting the theory *outright* in a teaching work." (*Strang*, B., a. a. O., S. 208).

d) *der Britische Kontextualismus*

Dieses Modell erscheint als letztes, weil es in der linguistischen und didaktischen Literatur der letzten Jahre weitgehend durch die anderen Modelle an den Rand gedrängt wurde. In Deutschland hat sich besonders Harald Gutschow[74] für den Kontextualismus eingesetzt; allerdings muß hier konstatiert werden, daß dieses Modell erst in Teilaspekten auf die Ebene der Methodik übertragen werden kann. Dies ist um so bedauerlicher, weil der Kontextualismus sich seiner ganzen Art nach für die Arbeit in der Schulpraxis als besser geeignet erweisen könnte als z. B. die TG-Grammar.
So hat u. a. der Begriff „context of situation", wie er im britischen Kontextualismus eingeführt wurde, enormen Einfluß auf die Methodik gehabt. Wenn wir heute — vgl. dazu das I. Kapitel — fordern, daß ein bestimmtes Sprachverhalten immer in eine Situation eingebettet sein müsse, um für den Lernenden verständlich zu sein, und wenn wir als Lehrende ständig auf der Suche nach Situationen sind, die wir im Klassenzimmer simulieren können, um ein bestimmtes „verbal behaviour" natürlich darzubieten, so ist dies nichts anderes als ein Ge-

---

72 Thomas, O. (1968)
73 Strang, B. (1970)
74 Gutschow, H.: Der Beitrag des britischen Kontextualismus zur Theorie und Praxis des Fremdsprachenunterrichts. In: Der fremdsprachliche Unterricht, 1968, Heft 2, 23—39

rechtwerden der Forderung des Kontextualismus, daß *Bedeutung* nur als Komplex von Beziehungen im Kontext einer Situation verstanden werden könne.
Der Kontextualismus geht in seinen Anfängen auf das Werk von J. R. Firth zurück, das wir bereits im I. Kapitel gewürdigt haben. In seinem Buch „The Tongues of Men and Speech"[75] findet sich auch im 10. Kapitel „Context of Situation" jene berühmte Unterüberschrift „Say when" (. . . I should stop pouring soda in your whisky), die gleichsam der Aufhänger für den Kontextualismus wurde. J. R. Firth schreibt dort:

„Quite a number of readers will have lively recollections of the very practical use of those two words. Many Englishmen will at once place themselves in a pleasant situation with good glass, good drink, and good company. The two words firt into the situation. They have their ‚psychological' and practical moment in what is going on between two people, whose eyes, hands, and goodness knows what else are sharing a common interest in a bit of life. What do the words ‚mean'? They mean what they do. When used at their best they are both affecting and effective. A Martian visitor would best understand this ‚meaning' by watching what happened before, during, and after the words were spoken, by noticing the part played by the words in what was going on. The people, the relevant furniture, bottles and glasses, the ‚set', the specific behaviour of the companions, and the words are all component terms in what may be called the context of situation. Meaning is best regarded in this way as a complex of relations of various kinds between the component terms of a context of situation."

Dieser Impuls ist aufgegriffen worden: es ist heute selbstverständlich, daß wir, um eine kommunikative Sprachbeherrschung zu vermitteln, im FU auf Übungen zurückgreifen, die in Situationen eingebettet sind, d. h. wir werden das zu lernende Sprachmaterial in entsprechenden Kontexten darbieten (= situatives Lernen).

Es war Firths grundlegende Überzeugung, daß das wichtigste der vier Sprachsysteme, die Semantik, nur in diesem „context of situation" gelehrt werden könne:

„The central concept of the whole of semantics considered in this way is the context of situation. In that context are the human participant or participants, what they say, and what is going on. The phonetician can find his phonetic context and the grammarian and the lexicographer theirs. And if you want to bring in general cultural background, you have the contexts of experience of the participants. Every man carries his culture and much of his social reality about with him wherever he goes. But even when phonetician, grammarian, and lexicographer have finished, there remains the bigger integration, making use of all their work, in semantic study. And it is for the situational and experiential study that I would reserve the term ‚semantics'[76]."

Das, was wir im I. Kapitel als Beitrag der modernen Soziolinguistik dargestellt haben, schließt sich an Firths Werk an. Im eben zitierten Werk stellt Firth die Forderung auf, diese Situationen zu klassifizieren und überschaubar zu machen:

---

[75] Firth, J. R. (1937, reprint. 1964), p. 110
[76] Firth, J. R.: Papers in Linguistics. 1934—1951, London: Oxford University Press (reprint.), 1964, p. 27

„... there is an obvious need for a more accurate study of our speech situations in order that categories may be found which will enable us to extend such social studies all over the world. It is perhaps easier to suggest types of linguistic function than to classify situations. Such would be, for instance, the language of agreement, encouragement, endorsement, of disagreement and condemnation. As language is a way of dealing with people and things, a way of behaving and of making others behave, we could add many types of function — wishing, blessing, cursing, boasting, the language of challenge and appeal, or with intent to cold-shoulder, to belittle, to annoy or hurt, even to a declaration of enmity. The use of words to inhibit hostile action, or to delay or modify it, or to conceal one's intention are very interesting and important ‚meanings'. Nor must we forget the language of social flattery and love-making, of praise and blame, of propaganda and persuasion (a. a. O., S. 31)."

Und kurz darauf kommt er nochmals zu der Überzeugung, daß diese „contexts of situations" geordnet werden können:

„Finally it must be repeated that most of the give-and-take of conversation in our everyday life is stereotyped and very narrowly conditioned by our particular type of culture. It is a sort of roughly prescribed social ritual ... (a. a. O., S. 31/32)."

So sehr diese Überlegungen den Praktiker überzeugen mögen, darf hier doch nicht übersehen werden:

1. Leider fehlt bis zum heutigen Tage eine überschaubare, didaktisierte Darstellung und Systematisierung dieser „situations".

2. Wenn das Lernen der grammatischen Struktur *nur* im Rahmen einer bestimmten Situation erfolgt, besteht die Gefahr, daß der Lernende nur die Situation und nicht das sprachliche Verhalten an sich lernt.

3. Später kann sich der Lernende nur an die spezielle Situation erinnern (Situation im Sinne von Bloomfield als Stimulus interpretiert); die grammatische Erscheinung wird als Reaktion nur automatisch ausgelöst. Da aber Situationen sich ständig verändern, kann ein solcher Automatismus nicht das Ziel unseres Englischunterrichts sein: eine zu enge Bindung der Sprachmittel an außersprachliche Situationen werden dem kreativen Aspekt der Sprache als Kommunikation nicht gerecht. Hier müssen wir an Chomsky erinnern und fordern: das Ziel der Kommunikationsfähigkeit muß so gesehen werden, daß die Strukturen als begrenztes Inventar von Sprachmaterial gelten, das für die Generierung von unendlich vielen Äußerungen in immer wieder modifizierten Situationen verfügbar bleibt. Nach der Darbietung in *einem* „context of situation" müssen wir vorstoßen zum Abwandeln des Sprachmaterials, herausgelöst aus einer bestimmten Situation. Andernfalls kann es zu keinem Transfer kommen.*

Ebenso sind die Begriffe „collocation" und „register", die auch aus dem Modell des Kontextualismus stammen, in die moderne Methodik übergegangen.

---

* (Vgl. dazu, was zur Sprachpragmatik in diesem Band auf S. 118/119 angeführt wird und ebenso Band II, 2.3. S. 18—20.)

„Collocation"[77] besagt, daß die Einzelwörter einer Sprache die Tendenz haben, aus einer potentiellen Vielfalt an Kombinationsmöglichkeiten nur eine begrenzte Anzahl von Verbindungen mit anderen Wörtern einzugehen (collocation tells us something about the company a word keeps). Die Kenntnis des isolierten Wortes befähigt den Lernenden noch nicht, die passenden Kombinationsmöglichkeiten zu wählen. Ein Wort sollte also immer mit einigen seiner möglichen Wortketten eingeprägt werden. Dazu müßte die Wortfeldarbeit, die die Germanisten wie Trier, Weisgerber und Porzig für das Deutsche bereitstellten, für das Englische verfügbar gemacht werden, wie dies im Ansatz bereits u. a. bei dem „The Learner's Dictionary of Style", Verlag Lambert Lensing, Dortmund 1956, geschehen ist[78].

Der Begriff „register" ist in dieser Untersuchung im I. Kapitel bereits erläutert worden. Das Werk von Halliday (et al.), das wir schon erwähnt haben, schließt sich dem Kontextualismus an und behandelt den Begriff „register" detaillierter[79]. Hier wird vor allem den „Idioms" gebührend Raum gegeben, die bei den amerikanischen Strukturalisten (da Idioms keine Patterns darstellen) keine entsprechende Würdigung fanden.

Das spezielle Eingehen auf Probleme der Lexis ist dem Kontextualismus vor allem deshalb möglich, weil er sich nicht mit dem Problem der Sprachkompetenz auseinandersetzt, sondern sich nur mit dem befaßt, was aufgrund dieser Kompetenz sichtbar, d. h. hörbar wird: die Performanz. Der Kontextualismus skizziert keine Erzeugungssystematik, sondern nur eine Theorie des Sprachvollzugs (= Performanz), soweit sie durch Gebrauchsnormen vorgegeben ist. Dies ist nach unserer Ansicht sein entscheidendes Manko. Doch liegt darin auch sein Positives: er konzentriert sich auf die *Bewährung* der sprachlichen Fertigkeiten im Alltag.

Der englische Linguist und Methodiker S. Pit Corder hat, basierend auf dem britischen Kontextualismus, eine Untersuchung über „Contextualisation in Language Teaching" unternommen und eine „Contextual Method of Teaching" vorgestellt, die allerdings allzu eng an das Medium Fernsehen gekoppelt ist, als daß sie als allgemeine Methode des Fremdsprachenunterrichts anempfohlen werden kann (sie umfaßt ausschließlich „verbal behaviour" im Sinne des Hörens und Sprechens; die „written form of language" wird dabei überhaupt nicht berücksichtigt). S. Pit Corder[80] stellt die Essenz seiner Methodik so dar:

„That the approach, which I shall propose, has also been considered elsewhere we may see by turning to J. B. Carroll's tentative outline in his ‚Study of Language', where he suggests that methods of teaching spoken language might succeed better if, instead of presenting the student with a fixed lesson to be learnt he might be required

---

77 Vgl. dazu: Carstensen, B.: Englische Wortschatzarbeit unter dem Gesichtspunkt der Kollokation. In: Neusprachliche Mitteilungen, 1970, S. 193—202
78 Vgl. dazu auch: Palmer, H. E. (1938, reprint. 1965)
79 Halliday et al., a. a. O., S. 202—205 und S. 266—267
80 Corder, S. Pit (1960)

to discover for himself what the normal verbal behaviour in any particular context might be. Carroll suggests that by this means the student would learn to communicate rather than merely utter the speech patterns in the lesson plan. He believes that such a procedure would resemble more closely the processes which occur in the child's learning of his mother tongue.
TV now makes it possible to examine this process once again to see if there are not some characteristics which, if exploited more fully, would yield better results than hitherto. It offers us the opportunity of presenting all language material as fully contextualized verbal behaviour and at the same time of controlling these contexts in a way that cannot occur when a learner goes to a foreign country to learn a language, and of presenting them in a more strictly controlled way than that in which the child learns his mother tongue. We can now approach a method of teaching language based on principles which are not so much linguistic as behavioural (a. a. O., S. 60)."

Wenn ich aber den Unterricht ausschließlich auf die „principles of behaviour" stütze, muß dieses Verhalten im Kontext einer Situation dem Lernenden *plastisch* vorgeführt werden. Dieser Unterricht bedarf der kontrollierten Bildabfolge, sei es in Form von „picture-strips" im Lehrbuch wie bei der Audio-Visual Method, sei es in Form des 8 mm „Loop-Film" oder des Fernsehens.
Nun muß zugegeben werden, daß bis heute der Konflikt zwischen dem „linguistic grading" (= Auswählen des Sprachmaterials nach sprachlichen Schwierigkeiten) und dem „behavioural grading" (= Auswählen der Situationen nach ihrem Schwierigkeitsgrad) noch nicht allgemein gelöst ist; gebe ich dem ersteren zu stark nach, sprechen die Akteure steriles Englisch; gebe ich dem letzteren zu stark nach, versteht der Lernende nicht mehr, was gesprochen wird. Vielleicht läßt er sich auch vom Bildgeschehen, wenn es gut inszeniert ist, so stark ablenken, daß er die Sprache völlig vergißt.
Dieses Problem erkannte auch Michael West[81], der Ansätze zu einer ähnlichen Methodik entwickelte („Realistic Method"). Er erhoffte sich, daß eine „behavioural method" den Fremdsprachenunterricht nicht nur interessanter, sondern auch effektiver gestalten würde. Im Hinblick auf den oben erwähnten Konflikt empfahl er: „It is better to take a fixed linguistic course and to build on to it, to make the behaviourist adjust himself to the linguist rather than the reverse. There should be a co-operative work, a linguist and a behaviourist quarreling together and evolving something which may suit both (a. a. O., S. 164)."
Ähnliche Ansätze zu einer Methodik, basierend auf den Kontextualismus, hat auch der Amerikaner K. L. Pike[82] entwickelt.
Damit hat sich das Modell des Kontextualismus zwar als ein Modell erwiesen, das noch nicht genügend systematisiert ist und das die Frage nach der Kompe-

---

[81] West, M.: Learning English as Behaviour (1960), reprint. in Teaching English as a Second Language. H. B. Allen (ed.), New York/London: McGraw Hill Book Company, 1965, 160—170
[82] Pike, K. L. (1960) reprint. in: H. B. Allen, a. a. O., S. 67—73

tenz zu sehr zugunsten der Performanz verdrängt hat, das sich aber ungeheuer befruchtend auf die Methodik des FU bis in unsere Tage hinein auswirkt.
Damit können wir die Vorstellung der z. Z. bekanntesten wissenschaftlichen Grammatiken beenden. Wir haben bei jedem Modell Anregungen gegeben für das, was der Fremdsprachenlehrer für seine „pädagogische" Grammatik übernehmen könnte. Sein Auswahlverfahren muß dabei eklektisch bleiben, weil die Grammatikprobleme im Unterricht differenziert sind. So wird die Einführung der regelmäßigen Pluralbildung bei Hauptwörtern im Englischen kaum einer besonderen Analyse und Erklärung bedürfen, und der Lehrer wird durch pattern practice, d. h. durch „habit-learning" das Regelverhalten einüben können und sicher sein dürfen, daß es zur Entwicklung des grammatischen Begriffs (concept formation) kommt. Wenn andererseits das Problem der Tenses of the English Verb in irgendeiner Form zu bewältigen ist, wird das Problem jetzt nicht *nur* durch pattern practice zu üben sein, sondern auch einer Analyse und Regelfindung bedürfen. Die pädagogische Grammatik kann also nicht aus einem Guß sein, sondern wird problem-orientiert einmal zu diesem oder jenem Modell tendieren. Damit berühren wir aber schon Fragen der Lernweisen, also der Fremdsprachenlernpsychologie, auf die wir im nächsten Kapitel eingehen werden.
Zum Abschluß sei noch auf eine besondere Form der pädagogischen/didaktischen Grammatik verwiesen, die unter dem Namen „Signalgrammatik" bei uns bekanntgeworden ist, und die u. a. darauf abzielt, daß der Lernende beim Sprechen nicht auf verbalisierte und auswendig gelernte Regeln, sondern auf *sprachliche* oder *situative* (vgl. dazu den Kontextualismus!) Signale achtet, die sein Sprachverhalten steuern sollen. Man erhofft sich, daß ein *Wort* oder ein *Element* der Situation (z. B. das Wort „just" oder das Element in dieser Situation, wie es durch eine eben geöffnete Tür, ein eben geöffnetes Fenster repräsentiert wird) dem Lernenden die Information gibt, jetzt z. B. das Present Perfect zu gebrauchen. Mit Hilfe dieses Signalwortes oder Elementes der Situation soll die Performanz gesteuert werden und negativer Transfer (für das Englische also falsche Sprachgewohnheiten der Deutschen) gestoppt werden. Was geschieht aber, wenn das Signalwort fehlt? „I've just opened the door" ist richtiges Englisch, aber „I've been to this pub several times" ist auch ein richtiger Gebrauch des Present Perfect, *ohne* daß ein Signalwort oder ein Element der konkreten Situation auf den Gebrauch des Present Perfect hinweist.
Eine ganze Reihe von Entscheidungen über das grammatische Verhalten geht eben nicht auf Signalwörter zurück, sondern hängt von dem ab, was R. A. Close „the speaker's point of primary concern" nannte, also auf psychologische Vorgänge im Sprecher selbst (vgl. dazu Close, R. A.: English as a Foreign Language. London: G. Allen Unwin, 1971).
Wir können ebenso behaupten, daß „Look..." meist ein Signalwort für die Present Tense Progressive Form ist (wie: „Look, I'm drawing a house.") und für einen bestimmten gesteuerten Übungsrahmen mag dieses Signalwort „Look"

das passende Sprachverhalten evozieren; ich kann aber ebenso sagen: „Look, I've done what I could" und der Satz ist richtig, obwohl nach dem Reiz-Reaktions-Verhaltensmodell der Signalgrammatik „Look" nur die Present Tense Progressive Form hervorrufen dürfte.
Ein anderes Signal ist z. B. „yesterday". Nach der Vorstellung des führenden Vertreters der Signalgrammatik, Günther Zimmermann, soll nun „yesterday" den Gebrauch der Simple Past Tense veranlassen:

(so dargestellt von Günther Zimmermann in: Zielsprache Englisch, Heft 0/1971, München: Hueber Verlag, S. 16).
Nun mag das auch für die kontrollierte Übungsphase zutreffen. Andererseits kann ich auch diesen Satz bilden: „I've been thinking about that since *yesterday*." Man könnte einwenden, das Signalwort „since" steuere das Present Perfect (es könnte auch das Past Perfect evozieren) und setze das Signalwort „yesterday" in seiner Wirkung außer Kraft. Wie aber weiß das der Lernende?
Es bleibt unbestritten, daß innerhalb eines kontrollierten Übungsrahmens die sog. „Signalgrammatik" im Sinne von G. Zimmermann[83] eine Lernhilfe darstellt. Sie vermag unserer Meinung nach allerdings nicht jene Einsicht in ein Regelverhalten zu geben, das allein zur Bildung der Sprachkompetenz führt. Dazu ist sie zu behavioristisch orientiert und erinnert etwas an das, was wir bei Skinner als „autoclitic behaviour" kennengelernt haben.
Zimmermann selbst erhofft sich von der Signalgrammatik freilich mehr. Er schreibt in „Zielsprache Englisch", Heft 0/1971:

„Wie sich bereits aus den angeführten Beispielen entnehmen läßt, hat die Signalgrammatik als intellektuelle Stütze beim Sprachenlernen eine Reihe von Vorteilen:

1. Sie ist anschaulich, konkret, unkompliziert und einprägsam. Sie indiziert nur die wesentlichen, unbedingt notwendigen Komponenten des kognitiven Verhältnisses. Sie stellt unmittelbarer und eindringlicher dar als die ausführlich formulierende Regelgrammatik.

2. Sie kann in *situativen* Zusammenhängen Steuerungsfunktionen übernehmen und entspricht somit auch in dieser Hinsicht modernen didaktischen Prinzipien.

---

[83] Vgl. dazu folgende Beiträge:
a) Zimmermann, G.: Integrierungsphase und Transfer im neusprachlichen Unterricht. In: Praxis des neusprachlichen Unterrichts, 3/1969, bes. S. 249—254
b) Zimmermann, G.: „Grammatische Bewußtmachung" im Fremdsprachenunterricht? In: Zielsprache Englisch, Heft 0/1971
c) Zimmermann, G.: Zum Problem der Validierung von Kriterien für die Beurteilung von Englischwerken. In: Englisch an Volkshochschulen, 24, 1970, S. 383 ff.

3. Als lernpsychologisch fundiertes Grammatik-Modell ist sie nicht einer einzigen wissenschaftlichen Grammatik verpflichtet, sondern kann eklektisch, nach lernpsychologischen Erfordernissen, erstellt werden.

4. Die Anwendung der Signalgrammatik ermöglicht in der Spracherwerbsphase den weitgehenden Verzicht auf eine Vermittlung der grammatischen Terminologie, was für viele Erwachsene eine Lernerleichterung bedeutet. Auch das vieldiskutierte Problem, ob „Grammatik" auf deutsch oder in der Zielsprache „behandelt" werden sollte, entfällt weitgehend.

5. Der entscheidende Vorteil ist lernpsychologischer Natur: Das regelgrammatische Wissen befindet sich — wie bereits angedeutet — in einem Gedächtnisspurensystem, das von dem Spurenschatz, der beim Sprechen abgerufen wird, getrennt ist. So kommt es, daß beim Sprechen an die Regel nicht gedacht wird, was dann zu fehlerhaften Äußerungen führen kann. Die *signal*grammatische Steuerungsinstanz hingegen ist ein sprachlicher oder gedanklicher oder situativer Auslöser, der im Sprechakt selbst präsent ist; hier kann eine Einflußnahme tatsächlich erfolgen. Das Wort ‚yesterday' oder auch einfach der vorsprachliche Gedanke ‚Vergangenes' wirkt beim Sprechen als Signal, das die (zumeist) gedankliche, vorsprachliche Reaktion ‚Vergangenheitsform' hervorruft."

Die Erwartung, daß Signalwörter und Struktur durch Habitualisierungsdrills gekoppelt werden könnten, ist zu sehr an reine behavioristische Lernweisen gebunden, als daß sich dieses Verfahren immer im eigentlichen Kommunikationsprozeß bewähren könnte; der Einsatz dieser Signalgrammatik erscheint nur in der ersten Übungsphase als sinnvoll.

Darüber hinaus hat die moderne Psycholinguistik, die sich mit den im Innern des Sprechers/Hörers ablaufenden Vorgängen beschäftigt, herausgefunden, daß die Produktion der meisten Sätze nicht von links nach rechts, sondern hierarchisch (von oben nach unten) abläuft. Man kann davon ausgehen, daß wahrscheinlich das Verb als erstes Element ausgewählt wird.

Schließlich muß auch bei der Erörterung der pädagogischen Grammatik darauf hingewiesen werden, daß der sog. Pattern Practice, wie er von Robert Lado (1964, Chapter) entwickelt wurde, nach wie vor eines der wirkungsvollsten Modelle einer pädagogischen Grammatik darstellt, wenn er so durchgeführt wird, wie Lado es vorschlägt. Es sei daran erinnert, daß dort eine kurze Phase der Bewußtmachung (induktive Ableitung des Regelverhaltens) sehr wohl eingeplant ist. Vor einer einseitigen und zu langen Phase des Pattern Practice (im Sinne eines „overlearning") hat Lado selbst gewarnt.

III. Kapitel

Psychologie und Englischunterricht

1. Allgemeine Einführung

Die Psychologie ist neben der Linguistik die zweite entscheidende „Teilhaberwissenschaft", die die Methodik des Englischunterrichts schon seit langem beeinflußt hat.
Ähnlich wie bei der Linguistik gab es auch hier Zeiten, in denen man von der Psychologie eine besondere Hilfestellung im Hinblick auf eine effektivere Planung und Gestaltung des fremdsprachlichen Unterrichts erwartete (z. B. anfangs der sechziger Jahre, als man die Hereinnahme des Programmierten Unterrichts in fremdsprachliche Lernprogramme anregte). Nachdem man sich eine Zeitlang aufgrund der engen Beziehungen zwischen dem amerikanischen Strukturalismus und den Behavioristen den *assoziativen Lerntheorien* verschrieben hatte, erfolgte nun auch hier eine gewisse Phase der Ernüchterung und des Umdenkens.

Ehe wir die einzelnen Richtungen beschreiben, ist es nötig, daß wir uns darüber Klarheit verschaffen, welche Teilbereiche der Psychologie für uns relevant sind. Es sind dies:

1. die *Entwicklungspsychologie,* wobei bestimmte Erkenntnisse der *Neurologie* besonders für den geeigneten Zeitpunkt des Beginns des Fremdsprachenunterrichts von Interesse sind;
2. die *Lernpsychologie,* deren Erkenntnisse erst in jüngster Zeit im *besonderen Maße* auf den Lernprozeß beim Erwerb einer Fremdsprache übertragen wurden, wobei man im Ablauf dieser Entwicklung begann, von einer *Fremdsprachenlernpsychologie* zu sprechen;
3. die *Psychologie des sprachlichen Verhaltens* (verbal behaviour), die sich allerdings wieder in Teilgebiete, wie die der Psycholinguistik und Pragmatik, aufgesplittert hat.

Zunächst ein knapper historischer Rückblick:
Erste Einflüsse der Psychologie in der Geschichte der neueren Fremdsprachendidaktik können wir bei Gouin feststellen, dessen Assoziationspsychologie auf die Bekanntschaft mit W. v. Humboldt hindeutet. (Dieser assoziationspsychologische Aspekt, der sich in den Gounschen Reihen manifestiert, wurde später von H. E. Palmer weiterentwickelt und führte zu seinem Buch „English through Actions", 1959; erste Ausgabe Tokio 1925.)
Bei der neusprachlichen Reformbewegung finden wir gewisse Auswirkungen der Herbartschen Schule, als man gegen einseitige Intellektualisierung (z. B. auf

dem Gebiet des Grammatikunterrichts) und gegen Zersplitterung der Sprache (z. B. sinnloses Vokabelpauken) Front machte.
In den frühen Schriften von Harold E. Palmer können wir bereits einen gewissen Einfluß der ersten Behavioristen (z. B. Watson) konstatieren.
Die Weiterentwicklung der sog. „direkten Methode" (z. B. bei Eggert, Kappert und Prieß) zeigt ein Hinwenden zur Psychologie von Wundt, als man versuchte, die ersten Ansätze einer „ganzheitlichen" Sprachdidaktik zu entwickeln. Indem man sich auf Wundt berief, forderte man, daß der Satz das Primäre sei, daß die Satzfunktion über der Wortfunktion zu stehen habe und man wies darauf hin, daß Sprache das Vorhandensein einer Gemeinschaft voraussetze, eine These, die dann zur Postulierung des Primats von der gesprochenen Sprache führen sollte.

Die Ablehnung der Übersetzung, die wir bei der Weiterentwicklung der Direkten Methode finden, basiert bereits auf der psychologisch fundierten These des sog. „negativen Transfer", demzufolge die stark ausgebildeten Gewohnheiten der Muttersprache die neu zu erlernenden Gewohnheiten der Fremdsprache negativ beeinflussen, vorab dann, wenn sie — wie bei der Übersetzung — ständig miteinander bewußt verglichen werden.

Daneben finden wir freilich auch psychologisch Unfundiertes, wie z. B. die Annahme mancher Reformmethodiker (die sich der sog. „Nature Method" verschrieben), der Erwerb der L_2 sei dem Erwerb der Muttersprache gleichzusetzen.
In jüngster Zeit hat sich die Weiterentwicklung der Direkten Methode in Form des sog. „Audio-Visual Approach" (auch „Credif[1]-Methode" oder „Audio-Visual Global and Structural Method"[2]) besonders eng mit der behavioristischen Lernpsychologie verbunden. Hier wurde ein Lernprozeß gefordert, der sich *nur* auf Imitation, Wiederholung und Analogiebildung stützte — unter totaler Ausschaltung jedes kognitiven Lernens. So postulierte J. P. Mooijman: „The ‚global' approach to a foreign language, by which understanding is reached through repeated experience of the language, without any systematic analysis of the elements of speech, is also of great value in learning the pronunciation and correct use of the new language." (In: Advances in the Teaching of Modern Languages, a. a. O., S. 55.)

Aber auch hier haben sich die Erwartungen, die man an die Methode knüpfte, nicht erfüllt; so mußte André Cuyer feststellen: „AV students demonstrate more skill in using words — but too often without knowing what they actually mean: this is mere verbalism or ‚parroting'." (Cuyer, A.: The Saint-Cloud Method: What it Can and Cannot Achieve. In: English Language Teaching, vol. XXVII, No. 1, Oct. 72, p. 21; vgl dazu auch Kaufmann, Franz: Die Wirksamkeit

---

[1] Der Name geht aus den Centre de Recherche et d'Etude pour la Diffusion du Français in Saint-Cloud bei Paris zurück.
[2] Guberina, P.: The Audio-Visual Global and Structural Method. In: Advances in the Teaching of Modern Languages, vol. I, B. Libbish (ed.), 1964

audiovisueller und konventioneller Fremdsprachmethoden. In: Das Sprachlabor, Heft 4, Dez. 69, S. 97 ff., Frankfurt, 1969.)
Insgesamt waren die ersten Übertragungsversuche der Psychologie auf die Ebene der Methodik des Fremdsprachenunterrichts nicht besonders erfolgreich, weil es der neu entdeckten Teilhaberwissenschaft im Methodenstreit der Neuphilologen nicht gelungen war, im Wirrwarr der Meinungen unwiderlegbare Normen der Psychologie als Orientierungshilfe festzulegen.
Um die Situation in unseren Tagen erkennen zu können, müssen wir nun kurz jene Teilbereiche der Psychologie untersuchen, die wir zu Beginn dieses Kapitels vorgestellt haben.

2. Entwicklungspsychologie und anthropogene Voraussetzungen

Die geistige Entwicklung, so lehrt uns die moderne Entwicklungspsychologie, verläuft nicht stetig, sondern sprunghaft und in Schüben.
Frühere Kategorien, wie die Stufung „Märchenalter", „Robinsonalter" usw., wie sie auch noch von manchen Didaktikern[3] in jüngster Zeit übernommen wurden, werden heute weitgehend abgelehnt: „Es stellte sich jedoch heraus, daß diesen Einteilungen und den ihnen zugrunde liegenden Theorien nur ein begrenzter Erkenntniswert zukommt. Lediglich in bestimmten Teilbereichen der Entwicklung glauben einige Forscher auf Gliederung und Gliederungsprinzipien nicht verzichten zu können[4]."
Als einigermaßen verläßlich ist noch die Einteilung nach Piagets Stufenlehre anzusehen.
Wenn wir mit dem Englischunterricht bereits in der Grundschule beginnen, dann befinden wir uns während der ersten drei Jahre der Grundschule auf der Stufe der *voroperationalen Intelligenz*. Da hier das Denken vom Konkret-Anschaulichen bestimmt ist, wird der Englischunterricht im Sprachhandeln von der Umwelt des Kindes bestimmt. Gerade die weitgehende Einsprachigkeit unseres Unterrichts wird uns auf lexikalischem Gebiet immer auf Situationen verweisen, die konkret und anschaulich sind. Das Kind sucht im Spiel Zusammenarbeit und Wettbewerb. Wenn wir im schulischen Rahmen auch nicht in der Lage sind, „spielend" zum Erwerb der Fremdsprache zu verhelfen, so werden wir doch in Szenen und im Rollenspiel, im Wettkampf, Partnerunterricht und in Lernspielen (siehe Band II) versuchen, diesen entwicklungspsychologischen Erfordernissen gerecht zu werden.
Die Begriffsbildung der Kinder bleibt auf dieser Stufe noch sehr dem *unmittelbar Sichtbaren* verhaftet. Auch diese Tatsache kann unseren Unterricht nachhaltig beeinflussen: Wort- und Bezugsfelder werden anschaulich dargeboten,

---
3 Vgl. Mihm, E. (1972), S. 272 ff.
4 Müller, K. (1973), S. 69 ff.

sprachliches Regelverhalten wird in der Grundschule anhand von Sprachmustern und Zeichnungen sichtbar. Die Ausbildung der Oberbegriffe ist im allgemeinen mit dem 7. Lebensjahr abgeschlossen, so daß der Fremdsprachenunterricht auf dem Fundament der Muttersprache aufbauen kann. Im besonderen Maße kann hier der große Nachahmungsdrang der Kinder, die Freude am Rollenspiel, die übergroße Ausdauer bei Nachsprechübungen und das gute Merkvermögen des Gedächtnisses (vgl. dazu Dodson, a. a. O., p. 32—34) zu einem mühelos erworbenen Fundament an Hör-, Sprech- und Lesefertigkeiten in der englischen Sprache führen. Der Verfasser hat selbst seit mehr als sechs Jahren solche Unterrichtsversuche an Grundschulen durchgeführt. Alle Kinder haben bei diesen Versuchen gewisse Grundfertigkeiten im Hören, Sprechen und Lesen des Englischen erworben, die sie spontan und kreativ im situativen Sprachhandeln produzieren konnten. Diese Erfahrungen stimmen mit denen von Dodson überein, der zu dem Schluß kommt:

„This is, of course, an argument for commencing language studies at primary-school level. If a human being is less likely to forget in later life what he has learnt before the age of ten, it would almost seem imperative that modern languages should be introduced in the primary-school curriculum, because most members of society only use a language learnt at school perhaps once a year during their holidays or on business. This intermittent use of a foreign language makes the older learner forget it, thus forcing him to relearn large parts of it at regular intervals, whilst the younger learner has absorbed the language thoroughly so that it is, as it were, built into his nervous system, giving him a great advantage over his less fortunate fellow traveller (a. a. O., S. 35/36)."

Wenn auch im Rahmen dieser Untersuchung nicht Platz ist, alle Vor- und Nachteile des sog. „Frühbeginns" abzuwägen[5], so ist der Verfasser durch seine positiven Erlebnisse mit dem Englischunterricht in der Grundschule zu der Überzeugung gelangt, daß in Zukunft die Diskussion sich nicht um die Frage des Frühbeginns einer Fremdsprache drehen sollte; vielmehr müßte diskutiert werden: „Warum soll der Fremdsprachenunterricht erst in der 5. Klasse beginnen?" Die theoretische Fundierung für den Frühbeginn haben Psychologen und Neurologen geliefert. So hat eine Untersuchung von W. E. Lambert in Kanada ergeben, daß frühe Zweisprachigkeit entwicklungspsychologisch keine Nachteile, sondern nur Vorteile bringt. Zwar hatte eine frühere Untersuchung Nachteile bei zweisprachigen Kindern in New York aufgezeigt, doch waren dort die negativen Ergebnisse nicht auf die Zweisprachigkeit zurückzuführen, sondern auf soziale Spannungen (es hatte sich um puertoricanische Kinder gehandelt). Renzo Titone[6] berichtet über die Untersuchung von Lambert, Weinreich und Spoerl wie folgt:

---

5 Vgl. dazu: Gompf, G. (1971), die einen Überblick über verschiedene Versuche in europäischen Ländern gibt.
6 Titone, R. (1964), S. 26/27

„It has even been shown more recently by Lambert that from the point of view of intelligence the bilingual child may be superior to the monolingual. In a research carried on in some catholic schools of Montreal (1961), a group of monolingual and a group of bilingual ten year old children from six Montreal French schools were administered verbal and nonverbal intelligence tests, and measures of attitudes to the English and French communities. Contrary to previous findings this study found that bilinguals performed significantly better than monolinguals on both verbal and nonverbal intelligence tests. Several explanations are suggested as to why bilinguals have this general intellectual advantage. It is argued that they have a language asset, are more facile at concept-formation, and have a greater mental flexibility. ... It has been maintained by some authors that the learning of a second language, especially in the early childhood years, may bring out some social and emotional disturbance. Yet the best grounded studies tend to prove the contrary. Weinreich is inclined to discount ‚the alleged detrimental effects of bilingualism on emotional life'. On the opposite, ‚any practicing bilingual will be ready to testify that the alternate use of two languages does involve a certain personality adjustment'. Spoerl's conclusion is very significant: ‚Most of the emotional maladjustment is environmentally determined and is not the result of mental conflict engendered by the complexities of thinking or speaking in two languages.' "

Der kanadische Neurologe Wilder Penfield[7] hat sich mit seinem Kollegen L. Roberts besonders für den Frühbeginn des Fremdsprachenunterrichts ausgesprochen, sofern dieser *nicht* Unterricht über die Sprache, sondern Unterricht zum Sprachhandeln ist. Die belgischen Linguisten de Grève und van Passel[8] haben sich in ihrem Buch mit den Ansichten von W. Penfield auseinandergesetzt. Sie berichten:

„Der Neurologe Wilder Penfield geht noch weiter, wenn er sich als überzeugter Befürworter des frühzeitigen Fremdsprachenunterrichts erklärt, und zwar schon aus dem Grunde, daß das Kind vor dem Alter von 9 bis 12 Jahren ein Meister im Sprechenlernen ist und ‚in dieser Zeit 2 oder 3 Sprachen ebenso leicht zu erlernen vermag wie eine einzige', während ‚das menschliche Gehirn sich nach dem Alter von 9 Jahren für das Sprachenlernen zusehends verhärtet und versteift'. Und Penfield kommt zu dem Schluß, daß ‚Zweisprachigkeit kein Schaden für ein Land ist. Sie hat wie die Mehrsprachigkeit der Menschheit schon große Dinge geleistet. Die Sprache der Griechen erfüllte bei den Römern jahrhundertelang zu deren großem Vorteil die Funktion einer Zweitsprache, ... Der Zeitpunkt, zu dem man unter Berücksichtigung der physiologischen Entwicklung des Gehirns mit einem (allerdings noch nicht spezialisierten) Fremdsprachenunterricht beginnen sollte, liegt zwischen dem Alter von 4 und dem Alter von 10 Jahren. Das Kind kommt in dieser Zeit zur Schule und kann noch auf direktem Wege, d. h. ohne Zwischenschaltung der muttersprachlichen Einheiten, neue Sprachen lernen.' "

Wichtig dabei ist, so haben Penfield wie auch J. Wittwer[9] nachgewiesen, daß die zwei Sprachsysteme voneinander getrennt zu halten sind. So fordern de Grève und van Passel: „Allein auf der Basis des bedingten Reflexes werden Gehör und Stimmorgane mit den fremdsprachlichen Lauten vertraut, und nur so bildet sich

---

7 Penfield, W./Roberts, L. (1959), S. 235
8 de Grève, van Passel (1971), S. 110/111
9 Wittwer, J.: Conditions génétiques de l'apprentissage d'une seconde langue. Réflexions sur l'enseignement bilingue. In: Le Français dans le Monde 20 (1963), S. 15b—16a

in dem noch elastischen, formbaren Gehirn des Kindes eine Koexistenz zweier verschiedener und voneinander unabhängiger Sprachsysteme heraus (a. a. O., S. 113)." Damit es zum bedingten Reflex kommt, sollte der Lehrer der L_2 *nicht* der Klaßlehrer (der mit dem „unconditioned stimulus" der L_1 assoziiert wird) sein.

Wie wir entwicklungspsychologisch aufzeigen konnten, sprechen eine große Zahl von neurologischen und psychologischen Faktoren für die Tatsache, daß der Beginn des Fremdsprachenunterrichts ab der 2. oder 3. Klasse zum Vorteil für alle anzusetzen ist[10].

Spätestens ab der 4. Grundschulklasse befinden wir uns auf der Stufe der *konkreten Denkoperationen,* die ungefähr bis zum Ende der Orientierungsstufe dauert. Dies ist eine Übergangsphase zwischen dem Konkret-Anschaulichen und der Stufe der Abstraktionsfähigkeit, die mit dem 12. Lebensjahr einsetzt. Die Kinder können jetzt an Dingen Teileigenschaften erkennen und sie in Beziehung zueinander setzen. Ein formal-repräsentationales Denken ist dem Kind aber noch nicht möglich.

Es ist evident, daß der Englischunterricht der Orientierungsstufe zwar einerseits dem Konkret-Anschaulichen in Situationen verbunden bleiben wird, daß jetzt aber auch Situationselemente[11] und „Schlüsselwörter" (wie z. B. just, right now, a few minutes ago) das unmittelbar Anschauliche verdrängen und nun ihrerseits Orientierungshilfen für richtiges Sprachverhalten sein können. Auch schwächer begabte Kinder der Hauptschule können gewisse Gesetzmäßigkeiten für sprachliches Regelverhalten erkennen. Die Formulierung solchen Regelverhaltens muß allerdings anschaulich (Schemata; Zeichnungen mit Symbolen) bleiben; sie sollte ein kognitives Schema für bestimmte Handlungsstrukturen anbieten, wie sie bei den holländischen Psychologen C. van Parreren (1966) beschrieben werden. Im Abschnitt „Fremdsprachenlernpsychologie" werden wir auf diese Lernhilfe noch genauer eingehen.

Erst nach der Orientierungsstufe wird von manchen Kindern die höchste Stufe der Intelligenzentwicklung erreicht: die Stufe der *formalen Denkoperationen.* Diesen Kindern gelingt es, sich vom Konkret-Anschaulichen zu lösen und abstrakt, d. h. hypothetisch zu denken.

Es liegt auf der Hand, daß jetzt im Englischunterricht nach Leistungsgruppen zu differenzieren ist; eine bloße Binnendifferenzierung reicht nicht mehr aus. Da ein ununterbrochener Aufstieg ohne Ruhepausen die schwächer begabten Kinder besonders stark erschöpft, muß für diese dem *Prinzip des Verweilens* (nach Harald Gutschow[12]) Rechnung getragen werden. Nach jeder Darbietungsphase muß eine längere Phase von „Absorption Units" eingeschoben werden. Bei schwächeren Lerngruppen ist es ratsam, die Theorie der kleinen Lernschritte, wie sie vor allem von den Behavioristen entwickelt wurde, zwar nicht ausschließ-

---

10 Vgl. dazu auch Lorenzen, K. (1972), S. 50—52
11 Z. B. das eben geöffnete Fenster u. ä.
12 Gutschow, H. (1965), S. 18

lich, aber doch überwiegend anzuwenden. Verfehlt wären aber auch hier jene Drillverfahren, die *nur* zur Konditionierung von Reflexen dienen, ohne Zusammenhänge zu vermitteln. Gerade schwächer begabte Kinder der Hauptschule bedürfen solcher kognitiven Lernhilfen, da sie von sich aus nicht in der Lage sind, von Beispielen selbständig ein generalisiertes Regelverhalten abzuleiten (= durch Beispiele lernen).

Trotz bester Motivation werden bestimmte Lerngruppen der Hauptschule ein Lernplateau häufiger erreichen als z. B. Gymnasiasten. Leider bietet uns die Psychologie noch kein sicheres Mittel an, ein Lernplateau (d. h. eine Phase des Erschöpftseins mit anschließendem Lernschub) von einem Limit der Lernfähigkeit klar zu unterscheiden. Die Praxis hat gezeigt, daß die meisten Lerngruppen der Hauptschule dieses Lernlimit bei den mehr elaborierten Sprachstrukturen ab dem 8. Schuljahr erreichen, während auf dem Gebiet der Lexis kein solches Lernlimit zu erwarten ist.

Ohne uns im Dickicht der Streitfrage, inwieweit endogene und exogene Faktoren auf die Begabung einwirken, zu verlieren, zeigt die Frage des *Lerntempos* klar, daß dieses eng mit der Intelligenz des Schülers verbunden ist. Je schwächer die Lerngruppe, desto schneller wird sie ermüden und desto mehr werden wir hier durch den Wechsel der Arbeitsformen und Techniken für einen Englischunterricht sorgen müssen, der diesen Lerngruppen adäquat ist[13].

Auf der anderen Seite wird der gymnasiale Englischunterricht in den Klassen 7 bis 10 häufiger durch kognitive Lernprozesse den Lernvorgang beschleunigen und so schneller zum Transfer kommen; dabei sollte aber der Englischunterricht nicht zum Exerzierfeld für Abstraktionsübungen werden, denn auch hier steht nicht das Wissen über die Fremdsprache, sondern das Tun mit der Fremdsprache im Mittelpunkt.

Die Frage nach Begabung und Intelligenz bringt die Überlegung mit sich, ob es eine klar erkennbare Begabung für Fremdsprachen gibt. Zwar sind einige prognostische Tests entwickelt worden, deren Verläßlichkeit (= correlation) aber z. Z. noch nicht sehr groß ist. Daß man vom Vorhandensein gewisser Anlagen für das Erlernen einer Fremdsprache ausgehen kann, zeigt uns nicht nur die Praxis, sondern wird uns auch von Psychologen, wie z. B. von Belyayev[14], bestätigt. Er schreibt:

---

13 Im Rahmen des Schulpraktikums an der EWF der Universität München haben wir u. a. Versuche in dieser Richtung mit 6. Hauptschulklassen durchgeführt. Derselbe Lehrende nahm dieselbe Stundeneinheit zuerst mit einer A-Gruppe, dann mit einer B-Gruppe durch. Innerhalb der ersten 15—20 Minuten blieb das Tempo ungefähr gleich. Danach ließ die Aufmerksamkeit und Mitarbeit der B-Gruppe kontinuierlich nach. Nur durch Wechsel der Arbeitsformen und durch Verzicht auf gewisse Lerninhalte konnte hier Abhilfe geschaffen werden.

14 Belyayev, B. W.: Über die grundlegende Methode und die Methodiken für den Fremdsprachenunterricht. In: Programmiertes Lernen, Programmierter Unterricht. 1967, S. 118 bis 126. Dieser Beitrag entspricht dem 15. Kapitel der 2. Auflage seines Hauptwerkes: Öcerki po psichologii obučenija inostrannym jazykam, Moskau 1965, und ist in der früher zitierten englischen Übersetzung seines Buches nicht enthalten.

„Fremdsprachliche Redefähigkeiten, die sich unter den Bedingungen und dem Einfluß praktischen Trainings des Sprechens in der Fremdsprache entwickeln, setzen das Vorhandensein mehr oder weniger günstiger angeborener Anlagen und nervlich-physiologischer Veranlagungen voraus, die in ihrer Gesamtheit eine fremdsprachlich-rednerische Begabung ausmachen. Der bestimmende Faktor für das Beherrschen einer Sprache bleiben jedoch die Fähigkeiten und nicht die Begabung (a. a. O., S. 124)."

Entscheidend für uns ist, daß sich auch Belyayev primär auf *Fähigkeiten* beruft, also auf etwas, was in unserem Unterricht — bei entsprechender Motivation — entwickelt werden kann. Es hat auch nicht an Versuchen gefehlt[15], unter extrem ungünstigen Bedingungen Fremdsprachenunterricht zu erteilen. Wenn wir den vagen Faktor „Begabung" näher definieren wollen, so zeigen uns die entsprechenden Tests[16], daß im allgemeinen folgende „abilities" überprüft werden:

1. phonetic coding abilities
2. grammar sensitivity
3. vocabulary memory abilities
4. inductive learning abilities

Wenn wir bei dem Problem der Entwicklungsphasen bereits feststellen mußten, daß die moderne Entwicklungspsychologie sämtliche, auch die von uns hier aufgeführten, Phasen- und Stufeneinteilungen sehr kritisch sieht, so wird in ähnlicher Weise auch die frühere Einteilung nach drei Lerntypen — akustisch, motorisch, optisch — als zu simplifizierend verworfen und dafür eine Reihe von Mischtypen angenommen.

Für die praktische Unterrichtsarbeit hilft uns das wenig, weil diese Vorstellungstypen keine fixierten Größen darstellen, sondern besonders bei Kindern in andere Typen übergehen können. Für die Planung unseres Unterrichts können wir nur festhalten, daß die Umwelt unserer Kinder so sehr mit visuellen Reizen übersät ist, daß der Englischunterricht u. a. auch aus diesem Grund nicht ohne den visuellen Support des Schriftbildes auskommen kann.

Wenn wir oben die „memory abilities" angesprochen haben, so müssen wir erwähnen, daß die Entwicklungspsychologie nicht nur die Lernfähigkeiten, sondern ebenso den Gegenspieler — das Vergessen — untersucht hat.

Nun sind wir als Lehrer täglich mit dem Problem konfrontiert, daß unsere Schüler enorm viel vergessen. Wenn man aber die Vergessenskurven von Ebbinghaus und seinen Schülern ansieht, wonach nach ca. 8 Stunden bereits ungefähr 60%, des Gelernten vergessen wird, nach 6 Tagen ungefähr 74%, nach 31 Tagen ungefähr 78%, so wird einem klar, daß diese Daten niemals unter

---

[15] Angiolillo: French for the Feeble-minded. In: Modern Language Journal, vol. 26, Ann Arbor, Mich., USA
[16] Vgl. dazu Pimsleur, P.: Language Aptitude Testing. In: Language Testing Symposium (A. Davies, ed.) (1968), Chapter 6

Bedingungen ermittelt wurden, die der Schulwirklichkeit auch nur annähernd gerecht werden. Die Unterrichtswirklichkeit ist glücklicherweise anders[17].

Ebensowenig helfen uns andere Erkenntnisse, wie die Tatsache, daß die Wiederholung nach der erstmaligen Darbietung spätestens am Nachmittag desselben Tages am sinnvollsten sei; daß ähnliche Fächer (Französisch, Deutsch), wenn sie im Stundenplan nachfolgen, den Lerneffekt durch retroaktive Hemmungen schwächen und ähnliches mehr.

Für die Schulwirklichkeit ist wichtig, daß wir immer wieder versuchen, durch überlegte Planung dem Vergessen entgegenzuwirken. Dazu empfiehlt sich u. a.:

genaue Gradation des Stoffes: *neue* Lerninhalte werden mit bekanntem Sprachmaterial verknüpft, um weder zuviel noch zuwenig vom Lernenden zu verlangen;

Wechsel der Arbeitsformen: rein mündlicher Unterricht ermüdet schwächer begabte Lerngruppen sehr schnell; wir schieben Übungen ein, wo das Verständnis eines Lesetextes überprüft wird; wir geben schriftliche Übungen — Lückentexte —, die das mündlich Erarbeitete wiederholen und das Schreiben schwieriger Wörter schulen; wir benützen Lernspiele, Wettkämpfe und Lieder zur Erneuerung der Motivation;

Wechsel der Lerntechniken: reine Imitationsübungen wechseln ab mit dem Einüben von kurzen Dialogen; wir modifizieren die Situation etwas und erarbeiten mit der Klasse die nötigen Änderungen am Dialog; Arbeit mit Substitutionstafeln, bei denen nicht alle Spalten wahllos kombiniert werden können; wir wechseln ab mit Pattern Practice (mündlich oder schriftlich); wir lassen ein bestimmtes Sprachverhalten kognitiv betrachten (Zuhören und Problemstellung), dann können wir durch Minimal- oder Triple-Pair Drills das differenzierende Hören üben; ebenso kann ein *Text* mit einer bestimmten Problemstellung kognitiv erarbeitet werden (z. B. Zusammenstellen von Wortfeldern, Bezugsfeldern, von funktionalen Wortklassen usw.);

Wechsel der Sozialformen: Lehrer-Schüler-Dialog wechselt ab mit Arbeit mit Schallplatte oder Tonband; Teilgruppenarbeit; Partnerarbeit (gerade letztere ist enorm wichtig, damit Sprachhandeln von allen geübt wird, sofern die Klassenstärke diese Form zuläßt).

Nachdem Material, von dem man nicht recht weiß, wozu es geübt wird, schwerer gelernt und schneller vergessen wird, muß der Lehrer bei allen Übungen im Englischunterricht (und die Übungsphase macht ca. 80% unseres Unterrichts aus) klarstellen, wozu etwas geübt wird. Bestimmte Drillübungen, die einer rein behavioristischen Lernpsychologie entsprechen und im sog. „overlearning" kul-

---

[17] Einer der wenigen, die diese Ergebnisse für zu unsicher hielten, als daß sie für die Unterrichtswirklichkeit relevant sein könnten, war Baumann, F.: Gedächtnisforschung und Sprachunterricht. In: Zeitschrift für französischen und englischen Unterricht. Bd. 9, 1910, S. 127—146

minieren, sind heute aus psychologischer Sicht abzulehnen. Wir erinnern uns am ehesten und liebsten an das, was wir unter angenehmen Umständen erfahren haben: sehen wir deshalb zu, daß — soweit dies uns im Schulalltag möglich ist — der Englischunterricht in einer menschlichen, freundlichen und humorvollen Atmosphäre stattfindet.

Von Bedeutung sind in diesem Zusammenhang auch die Ergebnisse über Lernen und Vergessen, die Dodson aufgrund seiner empirischen Versuche bringt, wobei er von der Frage ausging, wie oft ein Kind in einem bestimmten Alter einen „response" auf einen „FL stimulus" geben müsse, bis es diesen „response" fließend und richtig beherrsche (a. a. O., S. 31):

8jährige brauchen 15 „responses" im Durchschnitt
12jährige brauchen 8,
14jährige brauchen 7,
18jährige benötigen 6 solcher „responses".
Dann bleibt die Zahl der „responses" unverändert.

Völlig anders sieht das Ergebnis aus, wenn wir die Imitationsfähigkeit als Versuchsgegenstand untersuchen.

Hier ergibt sich eine Umkehrung der obigen Ergebnisse. Dabei kommt Dodson zu dem Schluß: „The young primary child can imitate almost immediately the individual sounds in a phrase even though he might not be able to say the whole sentence as one unit (a. a. O., S. 32)."

Diese hohe Qualität der Imitation steht in keiner Relation zur Häufigkeit, die bei jüngeren Schülern nötig ist, bis ein „response" gelernt ist. Dodson verweist auf die Tatsache, daß die hohe Qualität der phonetischen Imitation bei den allerersten „response repetitions" schon vorhanden war. Er sieht den Grund für diese besondere Imitationsfähigkeit auf neurologischem Gebiet:

„The ability of the very young child to imitate pronunciation correctly is probably due to the plasticity of his neuromuscular system and his more acute hearing (a. a. O., S. 33)."

Dann untersuchte Dodson noch die Frage, ob zwischen dem Alter des Lernenden und seiner „Vergessenskurve" ein Zusammenhang besteht. Er ließ den Fremdsprachenunterricht 12 Wochen lang unterbrechen. Nach diesen 12 Wochen waren es die „primary-school children", die sich fast sofort wieder der richtigen „responses" erinnerten (vgl. a. a. O., S. 34 f.).

Je älter die Schüler waren, desto mehr hatten sie vergessen. Dodson führt dies z. T. darauf zurück, daß bei rein imitativem Lernen junge Kinder relativ lange Zeit ohne ein Gefühl der Langeweile am Unterricht teilnehmen können.

Besseres Langzeitgedächtnis, bessere Fähigkeit der Nachahmung, längere Ausdauer beim „imitativen Lernen" sprechen also auch hier für einen frühen Beginn des Fremdsprachenunterrichts.

Schließlich verweist die Entwicklungspsychologie auf einen Tatbestand beim Erlernen der L_1, der von vielen Praktikern auch beim Erwerb der L_2 beobachtet wurde; für die Sprachentwicklung der L_1 stellte R. Oerter (1969) fest:

„Eine augenfällige Differenzierung der Sprachentwicklung erfolgt zwischen den Geschlechtern. In seltener Einmütigkeit wird von fast allen Autoren die sprachliche Überlegenheit des weiblichen Geschlechts über das männliche berichtet. McCarthy (1963) gibt einen Überblick über empirisch beobachtete Geschlechtsunterschiede in der Sprachentwicklung. Nach den dort zusammengetragenen Befunden zeigen schon neugeborene Mädchen eine größere Häufigkeit der Lautbildung als neugeborene Knaben. Während der Lallperiode werden keine deutlichen Geschlechtsunterschiede mitgeteilt, aber etwa ab 10 Monaten beschleunigt sich die Sprachentwicklung der Mädchen gegenüber der bei Jungen, ein Tatbestand, den Karlin (zitiert nach McCarthy, 1963) auf die spätere Markscheidenbildung (Myelinisierung) von Nervenbahnen bei Knaben zurückführt. Der Vorsprung der Mädchen erstreckt sich auf die verschiedensten sprachlichen Leistungen: Artikulation, Wortschatz, Satzlänge, Sprachverständnis, Lesenlernen und Mundart (Mädchen sprechen weniger ,slang'). Schwachbegabte Mädchen sprechen früher als Knaben mit dem gleichen niedrigen Intelligenzniveau. Auch bei Hochbegabten findet man die Überlegenheit der Mädchen wieder (Terman et. al., 1925)...
Interessant ist auch die Wechselwirkung zwischen Geschlecht und sozialer Herkunft. Bei Kindern aus niedrigeren sozio-ökonomischen Schichten sind die Geschlechtsunterschiede größer als bei Kindern höherer Schichten (Young, 1941) (a. a. O., S. 457/458).“

Den Einfluß von *Persönlichkeitsfaktoren* auf den Erwerb der L$_2$ hat Renzo Titone anhand von Untersuchungen von Einzelfällen („case-studies"), wie sie von A. V. Morrison, O. Brachfeld und E. Stengel im Rahmen des sog. „clinical approach" (= Studium von Einzelfällen) durchgeführt wurden, zusammengestellt (Titone, 1964, a. a. O., S. 32—36). Die wichtigsten Ergebnisse sind:

1. „male underachievers" in L$_2$ sind unbeholfen und wenig auf Kontakt mit anderen eingestellt;
2. je größer die „contact readiness" beim Lernenden ist, desto besser sind seine Chancen, die L$_2$ erfolgreich zu erwerben, wobei dann Intelligenz, Anzahl der Wochenstunden für die L$_2$ und Länge des Studiums eine untergeordnete Rolle spielen;
3. je mehr Genauigkeit ein Lernender von sich selbst verlangt, desto langsamer wird der Spracherwerb sein;
4. je weniger die Lernsituation beim Erwerb der L$_2$ von einem Gefühl der Bedrohung gekennzeichnet ist, desto größer wird der Erfolg sein;
5. ganz gleich, ob nun diese oder jene Persönlichkeitsstruktur beim Lernenden vorliegt, so kann der Lehrer der L$_2$ durch seinen Unterrichtsstil den Lernerfolg entscheidend beeinflussen. Titone schreibt darüber: „On the whole clinical psychology offers the foreign language teacher one fundamental tenet that appears to be very fruitful: the learning process can be definitely furthered by the instructor's ability *to establish a warm, understanding, and accepting relationship with the pupil* (a. a. O., S. 36).“

Wir haben bislang im Rahmen der Entwicklungspsychologie eine Reihe von Problemkreisen, wie Intelligenzentwicklung, Alter, Lerntypen, Begabung, Lernen und Vergessen, untersucht und aufgezeigt, wie diese Faktoren auf unsere

Unterrichtsplanung wirken werden; allerdings haben wir den entscheidenden Faktor der *anthropogenen Voraussetzungen* für den FU noch nicht erwähnt: Alle unsere Schüler sprechen zu Beginn des fremdsprachlichen Lernprozesses bereits eine Sprache, d. h. sie verfügen über ein voll entwickeltes Sprachsystem, das von jetzt ab entscheidend den Erwerb der L_2 beeinflussen wird. Es ist deshalb nötig, das Verhältnis „Muttersprache — Fremdsprache" abschließend noch genauer zu analysieren:

*Es gibt viele Menschen, die klagen, sie könnten keine Fremdsprache lernen, weil sie ein so schlechtes Gedächtnis hätten. Auf diesen Einwand hin gab ein amerikanischer Linguist eine treffende Antwort. Er meinte, diese Leute hätten so wenig Erfolg beim Erwerb einer Fremdsprache, weil sie ein zu gutes Gedächtnis haben.

Das klingt paradox — aber es trifft bis zu einem gewissen Grad zu und führt uns auf das Thema dieses Kapitels zu. Was hier angesprochen wird, ist dies: Ein Lernender versucht in einer Fremdsprache zu sprechen; er macht aber immer wieder Fehler, sei es bei der Konstruktion seiner Sätze, sei es bei der Formung der fremden Laute oder sei es bei der Auswahl und Zusammensetzung der Wortketten (sog. „Kollokation").

Gerade Fehler bei der Bildung von Wortketten werden vom *native speaker* genauso als Verstoß gegen den „Sprachgeist" empfunden wie Fehler bei der Konstruktion der Sätze.

Wieso kommt es nun zu all diesen Fehlern? Nach Meinung des Linguisten entstehen diese Fehler, weil sich der Lernende zu gut an die sprachlichen Gewohnheiten seiner Muttersprache „erinnert" und diese Gewohnheiten dann auf die Fremdsprache überträgt.

Dieses „Erinnern" vollzieht sich beim Sprechen in der Muttersprache fast unbemerkt. Carel van Parreren[18] hat dies in seiner „Systemtheorie" verdeutlicht. Sprechen wir in unserer Muttersprache, so haben wir für den Akt der Kommunikation eine Vielheit von Gedächtnisspuren zur Verfügung. Diese Spuren werden während des Sprechvorgangs abgerufen, aktualisiert. Auf diese Weise haben wir in jedem Augenblick die richtigen Wörter, die passenden Idiome und Satzformen zur Verfügung. Dieser Prozeß der Aktualisierung verläuft im Bereich der Muttersprache normalerweise fast unbemerkt. Der Sprecher muß sich nicht damit beschäftigen, die Spuren bewußt anzuregen; er kann seine Aufmerksamkeit ganz auf das richten, was er sagen will, das wie vollzieht sich selbsttätig.

Da dieses muttersprachliche Spurensystem so gut und stark ausgeprägt ist, liegt es auf der Hand, daß es beim Anfangslernen einer Fremdsprache stets mit aktualisiert wird; so möchte es laufend sprachliche Gewohnheiten der Muttersprache auf die zu erlernende Sprache übertragen.

---

* Die Seiten 78 bis 85 sind entnommen: Hecht K.-H., Muttersprache und Fremdsprache, in: „Zur Didaktik des Englischunterrichts", TR-Verlagsunion, München 1972, S. 54—59

18 Parreren, C. van: Die Systemtheorie und der Fremdsprachenunterricht. In: Praxis des neusprachlichen Unterrichts, 3/1964

Der fremdsprachliche Lernprozeß steht also ständig im Schatten der fest eingeprägten Gewohnheiten der Muttersprache. Dies unterscheidet den Lernprozeß beim Erwerb einer Fremdsprache wesentlich vom Erlernen der Muttersprache.
Es gibt natürlich noch eine Fülle von weiteren Faktoren, die diesen Unterschied verstärken:
so u. a. die günstigeren neurologischen Bedingungen, die stärkere Motivation, der größere Zeitraum, der zur Verfügung steht, das stärkere *reinforcement* (Verstärkung). Nur in einem Punkt zeigt sich eine Gemeinsamkeit: beide Lernprozesse bedürfen des ständigen und intensiven Übens.

Müssen nun die Gewohnheiten der Muttersprache und die erst neu anzulegenden Gewohnheiten der Fremdsprache sich einander nur nachteilig beeinflussen? Geht es z. B. um den Erwerb der Struktur *My bag is red* — mit allen seinen Varianten — so stellt dieser Lernvorgang für unsere Kinder keine Schwierigkeiten dar, weil hier die muttersprachliche Struktur mit der neu zu lernenden übereinstimmt. Wir sehen also, daß es manchmal günstig sein kann, wenn muttersprachliche Gewohnheiten auf die Fremdsprache übertragen werden. Günstig ist dies immer dann, wenn ein Phänomen der Muttersprache mit einem der Zielsprache identisch ist.
Eine solche — willkommene — Übertragung nennen wir einen positiven Transfer.
Nehmen wir einmal an, eine Klasse arbeitet mit nachstehender Substitutionstafel:

Does	*your mother often*	*go*	*to the dentist* *to the theatre* *to the cinema* *to the supermarket?*

Es ist klar, daß hier der Lernprozeß ungleich schwieriger ist; denn hier können wir beim strukturalen Vergleich der zwei Sprachen keine Gemeinsamkeiten feststellen. Hier wirken sich die Gewohnheiten der Muttersprache beim Erwerb des fremdsprachlichen Satzbaumusters störend aus. Diesen Vorgang bezeichnen wir als negativen Transfer.
Was bedeutet dies nun für den Unterricht?
In all den Fällen, wo der Transfer negativ ist, müssen wir vorausplanend besonders intensives Üben ansetzen. Der Vergleich zwischen Muttersprache und Fremdsprache — die kontrastive Analyse — erlaubt also eine Vorhersage, wo Schwierigkeiten auftreten und wo besondere methodische Übungen, wie z. B. *pattern practice* notwendig sein werden.

Natürlich besagt das nicht, daß dies die einzigen Schwierigkeiten sein werden. W. Hüllen[19] (Linguistik und Englischunterricht, S. 142—143) hat darauf hingewiesen, daß es Fälle gäbe, wo strukturale Diskordanzen zum Deutschen vorhanden seien (z. B.

---
19 Hüllen, W. (1971)

die fast gänzlich fehlenden Flektions- und Konjugationsformen des Englischen), daß aber die Unterrichtspraxis immer wieder zeige, daß hier keine größeren Schwierigkeiten auftreten.

Entscheidend ist eben auch noch der Grad der Gedächtnis- und Lernbelastung, der sich durch die Übereinstimmung oder Abweichung ergibt.

Trotzdem bleibt die Tatsache bestehen, daß bei einem negativen Transfer die neuen sprachlichen Gewohnheiten — gleichsam soweit wie möglich abgeschirmt von den muttersprachlichen — erst durch Üben herangebildet werden müssen. Eine störende Einwirkung — eine Interferenz — von seiten der Muttersprache wird im Anfangsunterricht z. B. durch das Ausschalten des Übersetzens weitgehend vermieden.

Diese Einsicht finden wir bei vielen Linguisten und Methodikern. So kommen u. a. auch Ch. Gutknecht[20] und P. Kerner („Systematisierte Strukturmodelle des Englischen — Lernpsychologische und methodologische Grundfragen zur *pattern*-Grammatik", S. 20) zu dem Schluß: „... eine der Hauptschwierigkeiten liegt darin, daß wir die richtigen Fertigkeiten im Lernsystem einprägen: durch Nicht-zu-Hilfe-Nahme der Muttersprache wird die Gefahr der Interferenz umgangen".

Bislang haben wir nur vom Transfer bei Strukturen gesprochen. Das Problem des positiven bzw. negativen Transfer gibt es aber auch noch bei anderen sprachlichen Kategorien.

Es tritt im Bereich des phonetisch-phonologischen Systems auf, sei es bei Übereinstimmung, sei es bei Nichtübereinstimmung bei der Artikulation der Laute.

Nehmen wir einmal an, eine Klasse mache einen *Minimal Pair Drill*, bei dem es um die Differenzierung der Laute [œ] v. [e] geht (wie z. B. *man — men, pan — pen*). Für das Verständnis eines deutschen Wortes wie „Männer" ist es ziemlich gleichgültig, wie hell dabei der Klangcharakter des „ä" ist.

Anders im Englischen: hier ist die klare Unterscheidung zwischen [œ] und [e] nicht nur ein phonetisches Problem: denn übertrage ich das deutsch artikulierte „ä" — das nicht so gepreßt und hell klingt — auf das Englische, so wird durch diesen negativen Transfer der Bedeutungsunterschied z. B. zwischen *pan — pen* verwischt. Aus dem phonetischen Fehler ist somit ein phonemischer Fehler geworden.

Wir können für den Unterricht dabei eine didaktische Nutzanwendung ziehen:
Viele Kinder übertragen — obwohl der Lehrer ein richtiges phonetisches Modell vorgibt — die muttersprachlichen Artikulationsgewohnheiten auf die englischen Laute. Es entstehen so im Anfangsunterricht manchmal eine solche Häufung von Aussprachefehlern, daß der Lehrer — will er die Lernenden nicht entmutigen — gar nicht weiß, wo er mit seinen Verbesserungen anfangen soll. Abgesehen von differenzierenden Hörübungen, die die Voraussetzung für richtiges Sprechen sind, können wir die Aussprache zunächst so verbessern, daß wir nur jene Fehler, die den Wortsinn verändern — die phonemischen Fehler — zuerst und vorab verbessern.

Positiver oder negativer Transfer wird aber nicht nur bei den Kategorien der Struktur und der Phonetik/Phonemik wirksam. Wenn wir an Wörter wie

---

20 Gutknecht, Chr./Kerner, P. (1962)

hand, finger, arm denken, so können wir dank der engen Verwandtschaft zwischen den beiden Sprachen festhalten, daß auf dem Gebiet des Vokabulars ein positiver Transfer gar nicht so selten sein wird.

Es ist eine Erfahrung der Unterrichtspraxis, daß Wörter wie *hand, arm, finger* etc. dank des Transfers einen wesentlich geringeren Lernaufwand erfordern als z. B. Wörter mit lateinischem Ursprung *(receptionist, native, gratitude).* Auf der anderen Seite ist natürlich gerade bei diesen vermeintlich „gleichen" Wörtern die Gefahr groß, sie so wie im Deutschen auszusprechen.

Ein negativer Transfer ist auf dem Gebiet des Wortschatzes rein von der äußeren Sprachform her auch möglich, denken wir an englische Wörter wie z. B. *brave, actual, also, fatal, mist.* Wie wir an den paar Beispielen bereits sehen, ist die Zahl der möglichen Interferenzen hier gar nicht so gering.

Wesentlich komplizierter wird das Verhältnis Muttersprache—Fremdsprache, wenn wir uns den Begriffen zuwenden, die hinter der Wortbedeutung stehen.

Müssen unsere Schüler auch neue Begriffe lernen? Nun, in den allermeisten Fällen sind die entsprechenden Begriffe in der Muttersprache schon vorhanden. Aber damit ist das Problem des Transfer auf dem Gebiet der Semantik noch nicht gelöst.

In dem Alter, bei dem der Englischunterricht bei uns beginnt, besitzen die Schüler zwar bereits eine recht ansehnliche Zahl von Konzepten, von Begriffen. Ist der Transfer aber von der Muttersprache auf die Fremdsprache ohne weiteres möglich? Nehmen wir an, eine Klasse sei bei der Wortschatzarbeit. Anhand eines Wandbildes oder einer Zeichnung führt der Lehrer mit bekannten Strukturen u. a. folgenden neuen Wortschatz ein:

> *Look — there's a cupboard,*
> *there's a wardrobe,*
> *and there's a bookcase.*

Hier wurde kein absolut neuer Begriff gelehrt; der Begriff „Schrank" war sicherlich bei allen Schülern bereits vorhanden. Dennoch ist etwas Neues geschehen: was sich bei dieser Wortschatzarbeit anbahnen sollte, war eine Differenzierung des muttersprachlichen Begriffs. Denn die englische Sprache hat kein Sammelwort für den Begriff „Schrank", sondern nur differenzierte Teilbezeichnungen. Somit muß bei der Frage — Übereinstimmung/Nichtübereinstimmung — zwischen Muttersprache und Fremdsprache auf dem Gebiet der Semantik jeweils geklärt werden, inwieweit ein muttersprachliches Konzept ins Englische ohne weiteres transponiert werden kann, oder ob wir im Lernprozeß eine Begriffsdifferenzierung durchführen müssen[21].

Bei dieser Begriffsdifferenzierung hilft es, wenn wir den Wortschatz der Muttersprache mit dem der Fremdsprache unter den Aspekten „Konvergenz und Divergenz' vergleichen.

---

21 Vgl. dazu Leisinger, F.: Zur Worterschließung im Fremdsprachenunterricht. In: Praxis des neusprachlichen Unterrichts, 3/1968

Konvergenz liegt dann vor, wenn mehrere Wörter der Muttersprache im Englischen durch ein Wort ersetzt werden können, wie z. B. legen, setzen, stellen, gießen → *put;* Wand, Mauer → *wall.* Was bedeutet das für den Unterricht? Nun, der Lernprozeß bei *put* ist erst dann abgeschlossen, nachdem wir — und das muß nicht in einer Lehreinheit sofort geschehen — in verschiedenen Situationen aufgezeigt haben, um welche Vielfachbedeutung es bei *put* geht.

Es gibt eine Fülle von englischen Wörtern (z. B. *brush, chair, get* etc.), bei denen Konvergenz vorliegt.

Eine andere Form der Begriffsdifferenzierung liegt bei Divergenz vor. Führen wir z. B. Verben wie *bring, take, fetch* — oder *swim, float* ein, so stehen hier im Englischen mehrere Teilbegriffe für ein deutsches Wort. In diesen Fällen sprechen wir von Divergenz.

Für den Unterricht impliziert Divergenz, daß der Lehrer im Ablauf des Lernprozesses nach und nach sämtliche englischen Äquivalente für das eine deutsche Wort sichtbar macht; oder aber, wenn er damit seine Schüler zu überfordern glaubt, ein Beispiel so klar und eindeutig setzt, daß keine Übertragungsirrtümer auftreten können.

Solche Übertragungsirrtümer können aber auch bei grammatikalischen Konzepten entstehen. Um wieviel differenzierter sind im Englischen z. B. die Konzepte bei den Zeiten des Verbums; so ist uns in unserer Muttersprache u. a. der Kontrast zwischen *Continuous* und *Habitual* bei den Verbformen nicht bewußt.

Für den Unterricht bedeutet dies, daß auch hier erst durch anschauliche Situationen eine Begriffsdifferenzierung bei den Lernenden erfolgen muß.

Kehren wir aber jetzt nochmals zum Prozeß der Kommunikation zurück. Wir haben eingangs schon die „Systemtheorie" van Parrerens erwähnt: sprechen wir in der Muttersprache, so haben wir dafür ein komplettes Spurensystem zur Verfügung, das — weitgehend selbsttätig arbeitend — uns in die Lage versetzt, unsere Gedanken in Sprache zu übertragen. Der Prozeß der Kommunikation verläuft im Normalfall reibungslos.

Was geschieht nun im Unterricht, wenn der Lehrer eine Frage auf Englisch an die Schüler richtet?

Aufgrund eines komplizierten physikalischen Vorgangs kommen die Schallwellen am Ohr des Schülers an. Die Schallwellen werden umgesetzt in Lauteinheiten. Wir hören die Mitteilung.

Nachdem diese Leistung vollbracht ist, beginnen wir die Information zu entschlüsseln — die Phoneme, Morpheme und syntaktischen Einheiten werden dekodiert.

Wenn eine Mitteilung nun gehört und entschlüsselt wurde, beginnen wir sie zu verstehen, sie zu interpretieren. Dieser Vorgang — Hören, Entschlüsseln und Verstehen — spielt sich, so kompliziert er auch ist, in Sekundenschnelle ab, allerdings unter einer Voraussetzung; für die Fremdsprache muß ein eigenes Spurensystem angelegt worden sein.

Ist jemand in einer Fremdsprache einigermaßen „zu Hause", so findet die Aktualisierung von Spuren genau wie beim Sprechen in der Muttersprache statt, d. h. die Spuren werden ohne eine darauf gerichtete Anstrengung abgerufen. Daraus schließt van Parreren, daß diese Person nun über zwei Spurensysteme verfügt. Denn der Sprecher, der eine Fremdsprache beherrscht, aktualisiert sie nicht auf dem Weg der Muttersprache, sondern direkt.

In diesem Falle können wir von einem „immedialen Hören" sprechen, d. h. wir haben die Schüler daran gewöhnt, „auf Englisch" zu denken. Es geht also im englischen Anfangsunterricht darum, den Vorgang des Hörens, Entschlüsselns und Verstehens ohne Umschalten auf das muttersprachliche Spurensystem zu realisieren. Das Ziel ist also die Errichtung eines zweiten „Hörsystems", das unabhängig von dem bereits für die Muttersprache existierenden arbeitet.

Der amerikanische Methodiker N. Brooks[22] hat dies ausführlich dargestellt und nennt das unabhängige Zweispurensystem ein *coordinate system*. Er weist mit Recht darauf hin, daß es gilt, gerade das Hörsystem besonders im Anfangsunterricht auszubilden, weil der Schüler in wirklichen Situationen immer mehr verstehen muß, als er selbst reproduzieren kann. Nur das, was er sprechen — und später schreiben — will, kann er weitgehend selbst bestimmen. Dagegen hat er keinerlei Kontrolle über das, was er hören — bzw. später lesen — wird.

Hier wird nochmals klar, was wir früher schon konstatiert hatten: jede Übersetzung im Anfangsunterricht, sei es die Wortübersetzung, noch viel mehr aber die Satzübersetzung, verhindert die Ausbildung dieses zweiten Spurensystems.

Diesem immedialen Hören soll nun im Unterricht ein immediales Sprechen folgen. Etwas vereinfacht sieht der Sprechvorgang so aus:

Ein äußerer oder innerer Reiz (= stimulus) verursacht im Sprecher eine Reaktion, die in eine Absicht, in einen Gedanken, eine Intention umgesetzt wird. Jetzt wird diese Intention in Satzglieder und Wörter verschlüsselt, enkodiert.

J. B. Carroll (1963, S. 93) spricht davon, daß wir mit ziemlicher Sicherheit annehmen können, daß beim Vorgang des Enkodierens, des Verschlüsselns, der ja eine Anzahl von Auswahlaktionen bedeutet, zuerst die größeren linguistischen Einheiten, dann erst die kleineren ausgesucht werden. Dies wiederum bestärkt die didaktische Konzeption des globalen Lernens.

Ist die Mitteilung verschlüsselt, wird eine der motorischen Einheiten — Sprechen oder Schreiben — aktiviert, um die Information an den Adressaten gelangen zu lassen.

Das bedeutet für den Unterricht: Wir müssen dafür sorgen, daß eine Sprechintention, ein Gedanke, möglichst sofort in englische Strukturen und Wörter verschlüsselt wird.

Was wir vermeiden müssen, ist der Umweg über die Einschaltung des muttersprachlichen Sprechsystems:

Gedanke → deutsche Konstruktion + Wörter → englische Konstruktion + Wörter → Sprechen.

Indem wir im Anfangsunterricht ein von der Muttersprache unabhängiges Sprech- und Hörsystem heranbilden, schaffen wir die Voraussetzung dafür, daß der Lernende auch in der Fremdsprache immedial hören und sprechen kann.

---

22 Brooks, N. (1960), S. 49—50

Um ein zweites Spurensystem heranzubilden und seine Unabhängigkeit vom muttersprachlichen System zu kräftigen, sollten wir eine Reihe von Prinzipien beachten:
1. Wir werden im Fremdsprachenunterricht soviel Englisch wie möglich sprechen lassen.
2. Wir werden im Zuhörer die Bereitschaft heranbilden, das Gehörte ohne das Zwischenschalten der Muttersprache zu verstehen.
3. Wir werden beim Zuhörer den Mut zum Kombinieren anregen; er soll dazu kommen, auch Unbekanntes in einem Satz aufgrund des Kontextes zu erschließen.
4. Wir werden das Übersetzen als gesonderte Fertigkeit betrachten, die erst dann geübt werden kann, wenn die vier Grundfertigkeiten konsolidiert sind. Deshalb werden wir im Anfangsunterricht das Übersetzen vermeiden.

Wie man im Unterricht ohne Übersetzen überprüfen kann, ob Gehörtes oder Gelesenes verstanden wurde, wird im 2. Band besprochen.
5. Wir werden nach Lehrmaterial Ausschau halten, das aufgrund seines visuellen Charakters eine solche Einsprachigkeit weitgehend ermöglicht.
6. Wir werden im Unterricht versuchen, jedes neue Wort einsprachig einzuführen.

Die besonderen Vorteile bei der einsprachigen Wortschatzvermittlung sind:
a) die Anbahnung eines zweiten Spurensystems für die Fremdsprache, weitgehend ohne Interferenz vom muttersprachlichen Spurensystem (vgl. dazu die sehr ausführliche Beschreibung bei B. V. Belyayev, 1963, S. 149—163);
b) eine phonetische Schulung, die dadurch möglich ist, daß weitgehend die Muttersprache auch aus dem auditiven Bereich ausgeschaltet wird (auch kein Wechsel der Artikulationsbasis);
c) die psychologische Motivation, die sich aus der Erschließung eines bisher unbekannten Wortes ergibt; Freude über richtiges Kombinieren;
d) eine erhöhte Wirksamkeit, auch beim Behalten des Gelernten, die wir lernpsychologisch erwarten können, weil die Schüler nicht nur einen Begriff übernehmen, sondern ihn in einer gewissen Eigenständigkeit erarbeiten und erleben.

Wir werden uns bei unserer Arbeit auch nicht stören lassen durch die Tatsache, daß die Muttersprache besonders im Anfangsunterricht mit ihren Transfertendenzen so stark ist, daß der Schüler sie gerade bei der Worterhellung immer wieder einschaltet und dies dem Lehrer durch ein sog. „Aha-Erlebnis" am Ende des Erkenntnisaktes kundtut (z. B. ‚Aha — *window* heißt Fenster!').
Des weiteren wissen wir aus der Praxis des Unterrichts alle, daß es gewisse Fälle gibt, wo wir ausnahmsweise auch einmal eine kurze muttersprachliche Erklärung für ein Wort einfließen lassen, wenn wir durch keine der anderen Demonstrationstechniken sichere und schnellere Ergebnisse erzielen können.
Hier ist dann der Zeitfaktor entscheidend — wichtig ist vorab, daß wir die größtmögliche Zeit für das Einüben des neuen Wortes zur Verfügung haben.

W. Hüllen schreibt in „Linguistik und Englischunterricht" (1971) zu diesem Problem:
„Worterklärungen durch Übersetzung oder deutsche Umschreibungen erscheinen deshalb vertretbar, wenn sie langfristig, unter Abwägung gerade auch bei der Einsprachigkeit zu erwartenden positiven ... Resultate, schneller zur Anwendungssicherheit führen. Es wird sicher oft mit der schnellen, übersetzenden Erklärung Zeit gewonnen für anschließende, jetzt allerdings strikt englisch geführte Übungen und integrierende Sprechpraxis (a. a. O., S. 166)."
Schließlich bleibt bei dem Problem „Muttersprache—Fremdsprache" noch die Frage zu klären, inwieweit die Muttersprache bei der Einsicht und Klärung eines fremdsprachlichen Regelverhaltens nötig ist.
Gerade in den letzten Jahren haben einige Wissenschaftler (Belyayev [1963], R. Politzer [1968], Hüllen [1971] u. a.) darauf hingewiesen, daß Sprache als Fertigkeit auch über ein gewisses kognitives Vorstadium erreicht werden kann. Wissen ist zwar nicht schon Fertigkeit, kann aber sehr wohl zu ihr hinführen.
Wie dieses Regelfinden sich vollziehen kann, wird im folgenden bei der Besprechung der Fremdsprachenlernpsychologie untersucht werden.
Wenn wir also das Gefühl haben, daß ein Schüler weiter kommt, wenn wir ihm ein kognitives Schema (vgl. dazu C. van Parreren [1966], S. 102—103) geben, das ihm Einblick in ein sprachliches Regelverhalten gewährt und das sich immer an den Sprechsituationen orientiert, so kann man dies, um Zeit zu sparen und Klarheit zu gewinnen, *kurz* in der Muttersprache tun. Nach einer bestimmten Anlaufzeit kann jedoch bei gewissen Lerngruppen auch hier die Muttersprache zugunsten der Fremdsprache zurücktreten.
Doch das Ziel bleibt, daß die Lernenden das Funktionieren der Fremdsprache durch Übung und Gebrauch dieser Sprache assimilieren; und dazu bedarf es nicht der Muttersprache.
Die oben dargestellte Systemtheorie, wonach im Idealfall die L_1 und L_2 als selbständige, nicht interferierende Systeme („coordinate systems") angelegt sind, liefert uns für unsere Unterrichtsgestaltung das Hauptargument für einen *einsprachigen Unterricht.*
Alle anderen Versuche, ein „compound system" zu vermeiden, wirken gegen diesen Hintergrund wenig überzeugend.
So haben in den vergangenen Jahren vor allem der holländische Psychologe Robert Kar[23] und der englische Methodiker C. J. Dodson[24] Vorschläge gemacht, wie man trotz des Gebrauchs der L_1 — vorab als Mittel zur Sinnerhellung (= Semantisierung) — zum immedialen Sprechen in der L_2 kommen könne. Ohne hier auf Details einzugehen, kulminiert Kars Vorschlag darin, das muttersprachliche Ko-Wort (d. h. ein Wort, dessen Begriff in L_1 und L_2 sich annähernd deckt) im Text der L_2-Lektion rechts am Rand anzugeben, und dafür zu

---

23 Kar, R. (1959)
24 Dodson, C. J. (1967)

sorgen, daß pro Textzeile nur ein unbekanntes Wort eingeführt wird[25]. Kars Untersuchung ist interessant zu lesen, die Anwendung seiner Methode ist in der Praxis wohl mit Recht nie erfolgt. Dodsons Argumentation weist vor allem auf die Zeitersparnis beim Gebrauch der L_1 für die Semantisierung hin; wenn aber für jedes Wort der L_2 sofort eine Schaltung zum sog. 1. Signalsystem der L_1 erfolgt, kommt es nie zur Ausbildung eines Begriffsystems (= sog. 2. Signalsystem), wie dies von Belyayev (1963) in seinem Buch nachgewiesen wurde. Belyayev schreibt dazu:

„The mastery of a foreign language presupposes the formation in the cortex of the hemispheres of an equally complex and similarly constructed dynamic stereotype, with the only difference that the first-signal complexes of nervous links associated with objects remain the same, whilst the verbal first-signal complexes, and also the secound-signal (conceptual) complexes, must be different, since the visual — auditory-motor structures of foreign words and the concept systems expressed by these words are different. When the semantics of foreign words are conveyed by translation, the necessary second-signal complexes of nervous links are not formed, as a result of which a pupil cannot learn to think in a foreign language and to use foreign words correctly."

Nach Dodsons „Bilingual Approach" ist eine selbständige Einrichtung des zweiten Spurensystems für die Fremdsprache unserer Meinung nach nicht gewährleistet[26]; alles aber, was die Ausbildung dieses „coordinate system" verhindert, und damit das unmittelbare Sprachhandeln in der L_2 gefährdet, sollte im FU vermieden werden. Dazu bedarf es weder einer Dogmatisierung, noch einer Ent-Dogmatisierung, wie dies W. Butzkamm[27] vorschlägt.

Natürlich wird im Rahmen des schulischen Unterrichts das 2. Sprachsystem immer schwächer ausgebildet bleiben als das der L_1.

Eine Fremdsprache gebrauchen heißt aber, sie als Mittel der Kommunikation — vor allem mündlich — so einsetzen zu können, daß man sich während des Sprechvorgangs unabhängig von der L_1 fühlen kann. Jedes Einschieben der L_1 im Anfangsunterricht wird diesen gewünschten Zustand nur retardieren oder sogar verhindern. Vor allem zerstört jede „bilingual method" die konkrete Motivation, die L_2 anzuwenden, um dem Lehrer etwas zu sagen.

Während das Kind beim Erwerb der L_1 ständig motiviert ist, diese zu erlernen, weil es damit seine Umwelt erobern kann, sollte ein einsprachiger Unterricht

---

25 Kar schildert das so: „Durch das geschilderte Verfahren wird erzielt, daß der Schüler nach dem Blick nach rechts ohne jede Unterbrechung weiterlesen kann und dabei dem neuen Wort ohne Leerlauf und störungsfrei sofort den richtigen Sinn beilegt; ferner, daß die Objektvorstellung einen minimalen zeitlichen Vorsprung über das Wortbild erhält und daß sich schon bei der ersten Lektüre oder doch bei einer der unmittelbar folgenden auswendigen Wiederholungen der Zeile das Kardinalphänomen realisiert (a. a. O., S. 93)." („Kardinalphänomen" = unmittelbare Verbindung von Wortform und Wortbedeutung. Allerdings darf nach der Kar-Methode *nur* der Lehrer bzw. das Lehrbuch die L_1 gebrauchen, der Schüler darf nicht übersetzen.)
26 In der BRD hat sich Wolfgang Butzkamm mit dem Begriff „Aufgeklärte Einsprachigkeit" für Dodsons Methode eingesetzt.
27 Butzkamm, W. (1974)

wenigstens den Anreiz geben, sich der neuen Sprache als Kommunikationsmittel zu bedienen. Fehler, die dabei gemacht werden, dürfen vom Lehrer freilich nicht streng getadelt werden, damit eine positive Motivation zum Gebrauch der L_2 erhalten bleibt.
Der Erwerb der L_2 als Möglichkeit, sie ebenso wie die Muttersprache als verbale Verhaltensweise einzusetzen, bringt uns jetzt zu jenem Teilgebiet der Psychologie, die „verbal behaviour" als Forschungsgegenstand hat.

3. Verbal Behaviour

Die Sprachpsychologie versucht Sprache[28] als verbale Verhaltensweise zu beschreiben und in Kategorien einzuteilen. Wir haben bereits im II. Kapitel dargestellt, wie man „verbal behaviour" gegen den Hintergrund der TG-Grammatik erklären kann. Dort war verbal behaviour als ein *hierarchisches, selektives Verhalten,* das wir als Sprecher selbst steuern und beeinflussen können, beschrieben worden.
Natürlich hat auch der amerikanische Behaviorismus versucht, ein Modell für Sprachverhalten zu entwickeln. Ja, es war gerade das Hauptwerk dieser psychologischen Schule „Verbal Behavior" (Skinner, 1957), das Chomsky zu seiner berühmt gewordenen Kritik[29] daran herausforderte.
Ehe wir einige Aspekte des Skinnerschen Modells herausarbeiten, die von besonderer Relevanz für unsere Unterrichtsplanung sind, ein paar grundlegende Bemerkungen:

1. Die Sprachpsychologie erforscht die *Wahrnehmung der Sprachlaute.*
Dabei ist für uns interessant, daß in der L_1 die visuelle und auditive Wahrnehmung *ganzheitlich* erfolgen. Das Auge liest nicht Buchstaben für Buchstaben, sondern Sinngruppe für Sinngruppe. Auch die Hörtätigkeit geht in ähnlicher Weise vor sich: das Ohr hört in unregelmäßigen Sprüngen, nicht einmal jedes einzelne Wort wird aus einer Wortkette eigens wahrgenommen. Wir hören den Laut-Sinn-Komplex, der seit F. de Saussure „Struktur" genannt wird. Die Aneignung solcher Strukturen erfolgt in der L_1 ganzheitlich, dann erst wird differenziert. Dieser Lernvorgang wird heute allgemein als eine Aneignung *kognitiver* Strukturen aufgefaßt (vgl. de Grève, 1971, a. a. O., S. 50).
Für den Englischunterricht bedeutet dies, daß wir die Lernenden erst langsam zu einem solchen ganzheitlichen Auffassen führen müssen. Wenn auch die äußeren und psychischen Bedingungen beim Erwerb der L_1 nicht mit denen des Lernens gleichgesetzt werden dürfen, so erscheint es trotzdem sinnvoll, auch im FU das Sprachmaterial nach einer ganzheitlichen Methode in situations-

---
28 Eine allgemeine Einführung in die Natur der Sprache gibt: Langer, S. K.: Language. In: Foreign Language Teaching. (J. Michel, ed.) 1967, pp. 3—40
29 Chomsky, N. (1964)

gemäßer Weise darzubieten, ohne deshalb im Verlauf der Lernschritte die *Phase der Differenzierung* zu überspringen. Da bei den fremdsprachlichen Strukturen jedes Wort einzeln wahrgenommen werden muß, haben wir die Länge der Strukturen im Anfangsunterricht auf wenige Silben zu beschränken, weil das Gedächtnis nur eine begrenzte Anzahl neuer Daten auf einmal speichern kann. Wir sehen: ein bestimmtes Maß an *linguistischer* Gradation ist hier nicht zu vermeiden; nur so kann das *neue* Sprachmaterial zu sprachlichen Fähigkeiten auf der Grundlage automatisierter Sprechgewohnheiten (set of habits) umgewandelt werden.

2. Die Sprachpsychologie erforscht die *neurologische Seite der Sprache* (die sog. Brocasche und Wernickesche Sprachregion des Gehirns).

Auf die neurologischen Aspekte haben wir im Vorhergehenden bereits verwiesen, als wir für den Frühbeginn des FU plädiert und die Einrichtung eines neuen selbständigen Spurensystems für die L_2 gefordert haben.

3. Die Sprachpsychologie erforscht die *motorischen Vorgänge bei der Lautbildung*.

Hier haben wir bereits im Abschnitt „Entwicklungspsychologie und anthropogene Voraussetzungen" darauf verwiesen, daß der FU im Anfangsunterricht sorgfältig darauf zu achten hat, daß die entscheidenden Phoneme der L_2 nicht vom negativen Transfer beeinträchtigt werden. Wenn wir auch heute nicht mehr mit Lauttafeln arbeiten, wie dies noch Vietor[30] vorschlug, so muß jedoch der Fremdsprachenlehrer über fundierte Kenntnisse auf dem Gebiet der kontrastiven Phonetik[31] verfügen. Übungen, wie sie R. Lado u. a. als Minimal Pair Drill[32] (vgl. Band II) vorschlug, sind nicht nur im Anfangsunterricht von großem Nutzen. Mit Recht hat R. Bloomfield (1942) auf die Tatsache aufmerksam gemacht, daß phonetische Kontraste in Übungen *bewußt* gemacht werden müssen. Er schrieb: „The only students who fail to conquer the phonetic difficulty are those who do not know that it exists and those who allow themselves to forget that it exists (a. a. O., S. 7)." Wilga M. Rivers setzt sich ebenfalls für diese Art von Übungen ein (1964, S. 49).

4. Schließlich beschäftigt sich die Sprachpsychologie mit der *Entwicklung von Begriffen* und Vorstellungsbildern (= dem sog. „zweiten Signalsystem", wie dieses Phänomen von Belyayev genannt wurde) und dem *Verhältnis von Sprache und Denken*.

Wie bereits im vorhergehenden Abschnitt dargestellt, ist es das Ziel unseres Fremdsprachenunterrichts, daß der Lernende in der L_2 denken kann: er kann die L_2 benutzen, ohne von der Muttersprache behindert zu werden.

---

30 Vietor, W. (1902), S. 44 ff.
31 Zur kontrastiven Phonetik vgl. Moulton, W. C. (1962), zum didaktischen Problem der Phonetik vgl. Germer, E. (1970) und Kufner, H. L. (1971)
32 Lado, R. (1962, p. 52—55)

Der FU muß anstreben, daß eine direkte Verbindung zwischen der L₂ und dem Denken entsteht. Belyayev (1963) schreibt zu diesem Problem:

„Fifthly and finally, the teacher's endeavour to teach the practical, non-translating productive und intuitive use of the foreign language must lead pupils to the main goal — the establishment of a direct link between the foreign language and thought. This must be assisted, not only by the four above-indicated features of conducting language classes, but also by certain special supplementary methods and devices of teaching, of which the most important is the technique of teaching pupils the vocabulary of a foreign language. It must not be forgotten that a foreign language is characterized by a somewhat different system of the concepts which help to form our judgements. One and the same thought is expressed in different languages through not quite identical concepts. For this reason the teacher must himself have an excellent awareness of the semantic individuality of foreign words, whilst being able to explain this individuality to pupils by extensive and full interpretation of the concepts expressed in these words (a. a. O., S. 227/228)."

Die von Belyayev angesprochenen 4 Arten von L₂-Unterricht beinhalteten folgende Forderungen:

(1) L₂-Unterricht ist hauptsächlich Unterricht in der Anwendung der Fremdsprache.
(2) Die Übersetzung ist prinzipiell auszuschließen.
(3) Der FU muß sich am Kommunikationsmodell orientieren.
(4) Der FU muß über die Theorie hinweg zum intuitiven Sprachhandeln führen (a. a. O., S. 224—227).

Im übrigen gilt es dreierlei festzuhalten:

a) Die von Belyayev erwähnten Unterschiede im Bereich der Begriffe (= semantic contrasts) sind z. Z. in den meisten Lehrbüchern noch sehr wenig berücksichtigt. Begriffsdifferenzierungen (z. B. rug vs. blanket, wardrobe vs. cupboard, cushion vs. pillow) bleiben meist dem Zufall überlassen. Gerade dieses Gebiet stellt für den *gymnasialen Unterricht auf der Sekundarstufe I* ein lohnendes Lernziel dar; zielstrebige Arbeiten auf dem Gebiet der Semantik sind ergiebiger als der übliche „Ausnahme — Regel"-Grammatikunterricht, der die Lektionen der gymnasialen Mittelstufe prägt.

b) Sprachpsychologisch ist der Zusammenhang zwischen Sprache und Denken heute sehr differenziert zu sehen. Die klinische Neurologie hat nachgewiesen, daß bei einigen krankhaften Sprachstörungen die geistige Leistungsfähigkeit voll erhalten bleibt. Deshalb kommt Kurt Müller (1973) zu dem Schluß:

„Sprache und Denken sind nach Piagets Auffassung zwei Seiten einer einzigen Entwicklung. Da aber Denken in seiner frühen Ausprägung egozentrisch sei, müsse notwendig auch die Sprache primär eine egozentrische Sprache sein. Dieser Auffassung wird allgemein widersprochen. Die Sprache hat in erster Linie die soziale Aufgabe der Kommunikation; egozentrisches (monologisches) Sprechen tritt bei Erwachsenen wie bei Kindern nur in bestimmten Aufgabensituationen auf. Es bestehen zwar enge Beziehungen zwischen Sprache und Denken, man muß aber annehmen, daß beide Funktionen auf verschiedene Wurzeln zurückgehen (a. a. O., S. 93, Bd. II)."

c) Für den FU manifestiert sich Sprache und Denken im Kommunikationsmodell. Nachdem wir dieses bereits im vorhergehenden Abschnitt weitgehend erklärt haben, wollen wir hier nur eine schematische Darstellung anbieten, ehe wir die methodische Relevanz, die ja zum Teil auch schon angesprochen wurde, in einigen Teilaspekten abrunden.

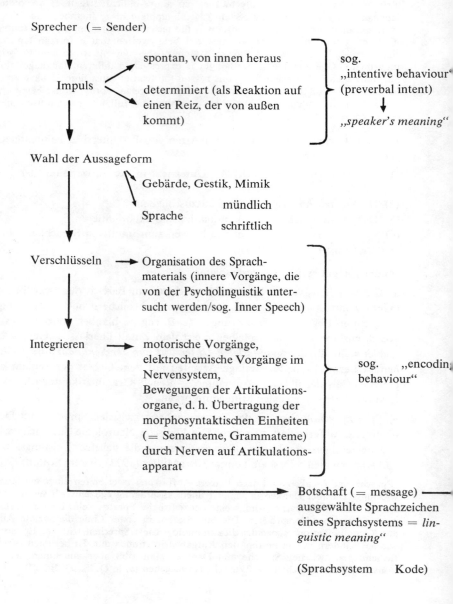

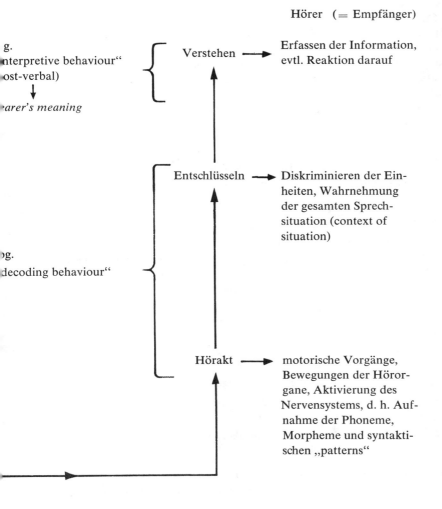

Methodische Relevanz

1. Der Englischunterricht der Sekundarstufe I bereitet die Lernenden als *Hörer und Sprecher* für diese Kommunikation vor; im Anfangsunterricht steht die mündliche Kommunikation im Vordergrund. Die schriftliche Kommunikation wird vor allem das Schreiben von Postkarten, Briefen, Rezepten, Gebrauchsanweisungen und kurzen Berichten abdecken.
2. Der Sprechakt orientiert sich immer an einer *Situation,* die durch Umwelt, Rolle, Erfahrung und verbale Absicht gekennzeichnet ist (vgl. I. Kap.). Das Bewältigen eines kommunikativen Problems (z. B. sich nach dem Weg erkundigen) umschließt meist mehrere Sprechakte, die wir als eine Einheit empfinden. Diese Einheit kann als „speech event" oder als „speech episode" bezeichnet werden. Zur erfolgreichen Gestaltung und Lösung des kommunikativen Problems bedarf es *sprachlicher Fertigkeiten,* um ein möglichst großes Maß an sprachlicher Richtigkeit („accuracy") zu erzielen; es sind darüber hinaus *kommunikative Fähigkeiten* nötig, die den Lernenden befähigen, diejenigen Redemittel auszuwählen, die dem „context of situation" angemessen (appropriate) sind. Jede reine Sprachübung, bei der es um das Bilden von richtigen Sätzen geht, muß erkennen lassen, daß diese „Versatzstücke" unmittelbar als Teile verwendet werden können, um Sprechakte, bzw. speech events erfolgreich durchführen zu können. Auch sog. Sprachübungssätze müssen also „kontextualisierbar" sein.
3. Der Impuls zum Sprechen ist im Unterricht meist „determiniert" (vgl. dazu im folgenden die Skinnerschen Kategorien Mand und Tacts). Leider ist *spontanes* Sprachhandeln im Unterricht nur selten zu realisieren. Der FU wird immer etwas „Quasi-Kommunikatives" an sich haben.
4. Encoding und decoding behaviour müssen automatisiert werden: das Bewußtsein darf sich — *am Ende* der *Übungsphase* — nur noch auf den *Inhalt* richten, nicht mehr auf die Form. (Ist dies erreicht, so spricht Belyayev von „abilities", ein Terminus, den wir im folgenden nach dieser Definition beibehalten werden.)
5. Jede Sprachübung muß sicherstellen, daß sich

   speaker's meaning (was wollte der Schüler sagen?),

   linguistic meaning (wie gelang ihm die Enkodierung, konnte er seine wirkliche Intention adäquat ausdrücken?) und

   hearer's meaning (hätte ihn ein *native* speaker (!) noch verstanden?)
   weitgehend einander entsprechen.

Sprache als Mittel der Kommunikation *basiert auf den Mitteln* zu dieser Kommunikation, auf die Sprachzeichen eines Systems, die wir z. T. schon im II. Kapitel untersucht haben. Das nachfolgende Schema soll helfen, Sprache als Zeichensystem zu verdeutlichen:

---

33 Das Schema lehnt sich an die Einteilung von Ulmann, St. (1957), p. 39 an.

Sprache als Mittel zur Kommunikation
Sprache als Zeichensystem (= Semiotik)[33]

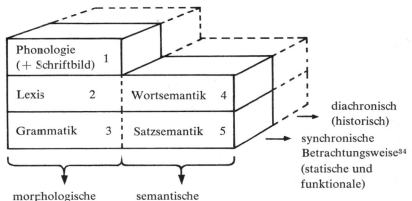

diachronisch
(historisch)

synchronische
Betrachtungsweise[34]
(statische und
funktionale)

morphologische   semantische
Kompenente: Form   Komponente: Inhalt

Phonologie, Lexis und Grammatik stellen dar die „linguistischen Bausteine" der Sprache (= „formal levels" nach Halliday)

Wortsemantik und Satzsemantik stellen dar die „situativen Bausteine" (context of situation nach Firth)[35]

sie verweisen auf

kontextgebundenen Sprachgebrauch (sog. restringierter Code)

dieser führt über zur

Pragmatik
Sie erforscht: was geht im Menschen vor sich, wenn er eine Mitteilung macht oder empfängt, wovon hängt die Form der Kommunikation ab, inwieweit ist sie von der Form der Kultur bedingt?

---

34 Es ließe sich das Schaubild nach rückwärts erweitern: diaphasische Betrachtung (Sprachstilistik), diastratische (Sprachsoziologie), diatopische (Sprachgeographie).
35 Vgl. dazu Lieberson (1967)

Demnach impliziert der Lernprozeß eines Wortes der L_2 folgende Phasen (z. B. das Wort „head"):
1. Das Wort wird als Abfolge von Phonemen erkannt und gelernt /hed/. Nach Einführung des Klangbildes kommt das Schriftbild hinzu.
2. Das Wort wird als Morphem mit einem konkreten Sinn („meaning") assoziiert (part of the body above the neck; Zeichnung; Deuten auf Köpfe der Schüler).
3. Das Wort wird nach den „class-structure rules" als Tagmem erfaßt. An welchen Stellen des Satzes kann es vorkommen, mit welchen Wörtern kann es in Verbindung gebracht werden (z. B. my head, the head, this head)?
4. Die weiterführende Nacharbeit erforscht das semantische Feld, z. B. head of a cabbage, head of the table, headwaiter, head on a glass of beer usw. (evtl. Kontrastieren mit dem Begriff der L_1).
5. Das Wort wird in seinen verschiedenen Bedeutungen („senses") jetzt in neuen Strukturen verwendet, evtl. auch in fixierten Kollokationen (to lose one's head, to talk a person's head off usw.).
6. Für den Kommunikationsvorgang erweist sich die *semantische Seite* als *die wichtigste*. Fehler auf dem Gebiet der Phonologie, Lexis oder Grammatik sind — wenn es im Unterricht *nur* um Kommunikation geht, also z. B. *nicht* um Nachsprechübungen — zu tolerieren, solange die semantische Komponente nicht in ihrer Funktion beeinträchtigt wird.
7. Wenn Sprachmaterial diesem Kommunikationsmodell entsprechend dargeboten wird — bei ausgewogener linguistischer und situativer Gradation (vgl. I. Kap.) — wird Sprache gelehrt „in a social context".

K. L. Pike hat dieses Sprachlernen mit einer Metapher aus der Physik als „nucleation" bezeichnet. Er beschreibt dieses Verfahren wie folgt:

„The custom of having early words memorized in a social context — in a ‚social crystal' — becomes clear. *Language nucleation occurs within the social context.* Language is more than organized verbal sound. It is a structural part of a larger wholepart of life's total behavioral action and structure, intimately linked to social interaction. Greeting forms in a classroom situation, simulated market scenes, and the like, provide the larger structural niches within which added bits of learning fit — whether lexical, grammatical, or social.
The student should be encouraged to *use* the language in such social situations, even though he cannot do it with complete correctness. Nucleation will occur much faster around an inaccurate though functioning dialogue than it will about a completely abstract set of words. (Drill in pattern practice can be used to eliminate such early errors, while leaving the student with the advantages of nucleated behavior.)"
K. L. Pike in: Allen (ed.), 1965, pp. 69—70.

Welche Funktionen der Sprache ergeben sich also? Ein allgemeiner Raster, der nicht auf die Skinnerschen Kategorien Bezug nimmt, könnte so aussehen:

Sprache kann sein Ausdrucksmittel für

1. *Emotion* (dazu gehört auch „small talk", sog. „phatic communion")
2. *Information* (die Realität wird erfaßt und beschrieben)

3. *Fragen* (das Unbekannte wird erforscht)
4. *Rhetorik* (man möchte überreden, überzeugen, abraten)
5. *Freude an der Sprache* selbst (Reim, Lied, Literatur)

Alle 5 Funktionen sollten im Englischunterricht der Sekundarstufe I berücksichtigt werden. Möglichst lebensnahe Dialoge stellen sicher, daß vor allem der *erste Funktionsbereich* gebührend behandelt wird.
Durch die Fremdsprache erweitert sich dabei auch für alle Lernenden das Weltbild, wie es der amerikanische Linguist B. L. Whorf formuliert hat: „A change in language can transform our appreciation of the Cosmos[36]."
Der Einstieg in die neue Kultur wird zuerst von außen her erfolgen. Nach Kenneth L. Pike[37] nennt man dieses Verhalten „etic" (Wortprägung nach „phonetic"). Im Laufe der Zeit kann der Lernende den Kulturkreis der L_2 gleichsam von innen heraus verstehen und schätzen lernen. Ein solches Verhalten nannte Pike „emic behavior" (Wortprägung nach „phonemic"). In der BRD hat der Methodiker Heuer[38] als erster versucht, diese Formen des Verhaltens didaktisch anzuwenden (vgl. auch IV. Kap.).
Wie wir im vorhergehenden bereits angedeutet haben, unterscheiden sich die psychologischen Richtungen (Behaviorismus vs. Gestaltpsychologie) erheblich bei der Interpretation des „verbal behaviour", insbesondere bei der Frage der „Freiheit" des Sprechenden. Dies wiederum hat methodische Konsequenzen:
Wenn jedes Sprachverhalten als Stimulus-Response Behaviour zu sehen ist, muß das Lernverfahren weitgehend mechanisch angelegt sein.
Wenn „verbal behaviour" aber auch kreative, d. h. abwägende und differenzierende Denkprozesse impliziert, sollte auch das Lernverfahren in der L_2 bestimmte kognitive Lernprozesse verwenden.
Das Problem reduziert sich auf die Frage: Kann der Sprecher überhaupt kreativ sein? Und wenn ja, mit welchen Teilen der Sprachmittel kann er das?
Wenn man sich für Chomskys Modell entscheidet (also eine Sprachkompetenz annimmt, vgl. II. Kap.), dann muß man die erste Frage bejahen.
Aber wie groß ist diese Freiheit? Wäre sie erheblich, müßte der FU aufgrund einer nicht mehr überschaubaren Vielzahl von Sprachverhalten an Stoffülle zugrunde gehen.
Glücklicherweise ist aber die Alltagssprache weit weniger kreativ, als dies theoretisch möglich wäre. Dazu schreiben die amerikanischen Linguisten R. Jakobson und M. Halle[39] (1956):

„But the speaker is by no means a completely free agent in his choice of words: his selection (except for the rare case of actual neology) must be made from the lexical storehouse which he and his addressee possess in common. The communication en-

---

36 Whorf, B. L. (1965), p. VII
37 Pike, K. L. (1954), p. 8
38 Vgl. dazu Heuer, H. (1968)
39 Jakobson, R., und Halle, M. (1956)

gineer most properly approaches the essence of the speech event when he assumes that in the optimal exchange of information the speaker and the listener have at their disposal more or less the same ‚filing cabinet of *prefabricated* representations': the addresser of a verbal message selects one of these ‚preconceived possibilities' and the addressee is supposed to make an identical choice from the same assembly of ‚Possibilities already foreseen and provided for' (a. a. O., S. 58)."

Und sie kommen zu dem Schluß:

„Within these limitations we are free to set words in new contexts. Of course, this freedom is relative, and the pressure of current clichés upon our choice of combination is considerable. But the freedom to compose quite new contexts is undeniable, despite the relatively low statistical probability of their occurence."

Das bedeutet: ein sprachliches Signal ist gelernt, wenn der Lernende es richtig mit anderen, zumeist „prefabricated" Einheiten *kombinieren* und wenn er die für Situation, Rolle und Anliegen passende Einheit *auswählen* kann.

Die Freiheit der Auswahl[40] variiert wie folgt:

Sie ist fast nicht vorhanden ⟶ bei der Anordnung der Phoneme (der Code ist ja bereits eingerichtet).

Sie ist gering ⟶ bei der Verbindung der Phoneme zu Wörtern; höchstens der „native speaker" kann Wortneuprägungen vollziehen, wie z. B. K. L. Pike, als er *emic* und *etic* behaviour prägte.

Sie ist begrenzt ⟶ bei der Anordnung der Wörter zu Wortketten in Sätzen; der Lernende der L_2 hat hier besonders im Englischen bei einer sehr fixierten Word Order kaum sehr viel Wahl.

Sie ist groß ⟶ bei der Frage des Umfangs des Satzes (elaborierter Code), bei der Verbindung von Sätzen.

Im Englischunterricht der Sekundarstufe I können wir gerade hier nach Leistungsgruppen differenzieren (vgl. I. Kap.).

---

[40] Während Skinner den Sprecher weitgehend als „stimulus"-abhängig sieht, der auf Reize in bestimmter Weise reagieren *muß*, kommt u. a. auch Penfield zu dem umgekehrten Ergebnis; wir verfügen über die Möglichkeit, uns zu entscheiden, wie wir sprachlich reagieren werden. Penfield beschreibt die neurologischen Prozesse beim Erwerb der L_1 und stellt fest: „Between the motor-pattern-unit and the motor-expression-mechanism the connection is not automatic. If it were, the child would be an automaton, a machine, a robot. No. Between word-pattern and word-expression must come *a conscious selection and decision*" (1959, p. 247, kursive Hervorhebung vom Verfasser.)

Skinners Modell sieht nun den Sprecher wesentlich anders. Er ist nur „the locus of verbal behavior, not a cause" (zitiert nach Rivers, 1964, p. 43).
Unser gesamtes verbal behavior ist als Reaktionskette auf Reize zu verstehen. Dabei läßt sich verbales Verhalten anhand von drei Faktoren beschreiben:

1. Es ist ein Reiz („stimulus") gegeben, der eine sprachliche Äußerung hervorruft („a verbal operant").
2. Auf diesen Reiz hin zeigt der Sprecher eine sprachliche Reaktion („response" = „verbal operant").
3. Dieser „response" wird im allgemeinen vom Zuhörer negativ oder positiv bestärkt („reinforcement").

Der oben beschriebene Vorgang wird dann als „context of a situation" oder als „speech episode" bezeichnet.
Uns interessieren nun jene Kategorien von „verbal behavior" bei Skinner, die dann S. Pit Corder für seine „Contextual Method" herangezogen hat. Es sind dies fünf Versionen von „verbal behavior":

1. *„Mands"*

Als „mands" (wohl eine Abkürzung von *demands,* com*mands*) sieht Skinner jene Äußerungen an, bei denen der non-verbal „stimulus" *im Sprecher* selbst liegt (vgl. Skinner, 1957, S. 35 ff.). Dieser Stimulus geht auf ein Bedürfnis im Sprecher zurück. Das „reinforcement" stellt eine bestimmte Konsequenz beim Zuhörer dar. „Mands" sind also sprachliche Äußerungen, die Wünsche, Befehle, Bitten, Fragen, Warnungen, Angebote und ähnliches umfassen.

2. *„Echoic Behavior"*

Diese und die nächsten zwei Kategorien („Textual and Intraverbal Behavior") haben alle die Tatsache gemeinsam, daß ein verbaler Reiz *außerhalb* des Sprechers eine verbale Reaktion beim „speaker" evoziert. Beim „echoic behavior" (vgl. a. a. O., S. 55 ff.) ist der „response" identisch mit dem „stimulus" oder zumindest ihm sehr ähnlich. Diese Gruppe der „verbal operants" entsteht entweder aus Wortassoziationen mit dem „stimulus" oder sie stellen Füllsel bei einem Gespräch dar, in dem der Sprecher Wortgruppen oder ganze Satzteile vom Partner übernimmt. (Dazu gehört auch das Wiederholen von Befehlen etc.)

3. *„Textual Behavior"*

Hier manifestiert sich der „stimulus" als ein Text, der beim Leser eine „linguistic utterance" hervorruft (z. B. eine Äußerung des Sprechers bei der Lektüre der Morgenzeitung).

4. *„Intraverbal Behavior"*

Hier evozieren die verbalen „stimuli" beim Sprecher einen „verbal operant", von dem Skinner sagt, daß er im Gegensatz zum „echoic behavior" nicht mit der linguistischen Form des Reizes übereinstimmt.
Entscheidend dabei ist, daß für Skinner — im Gegensatz zur Schule von Chomsky — diese „responses" nicht eigentlich kreativ sind, sondern im Lauf der Lebensgeschichte des Sprechers von der Umwelt übernommen wurden. Deshalb folgert er: „All verbal behavior is, of course, borrowed in the sense of being acquired from other people (a. a. O., S. 73)." Insgesamt tendiert also das „intraverbal behavior" nach Skinners Meinung zu stereotypen Klischees.

5. *„Tacts"*

Die Kategorie „tacts" (eine Abkürzung von con*tact* with the world) umfaßt sprachliche Äußerungen, die eine Reaktion auf einen non-verbal stimulus in unserer Umwelt darstellen. Ein sehr hübsches Kleid im Schaufenster führt zu dem tact-response: „What a lovely dress!"

Schließlich spricht Skinner noch von einer eigenen Kategorie, die er „autoclitic behavior" nennt. „Autoclitic behavior" steuert das gesamte grammatikalische Regelverhalten. Verallgemeinernd ausgedrückt besagt dies, daß ein Satzteil als „controlling stimulus" auf den nächsten wirkt. Das syntaktische Verhalten läuft ab, ohne von unserem Intellekt beeinflußt zu werden.
Zweierlei methodische Konsequenzen können nun aus Skinners Modell abgeleitet werden:
1. Wenn man seine 5 Kategorien des „verbal behavior" als Möglichkeit akzeptiert, Sprachhandeln zu kategorisieren — ohne daß man sich notwendigerweise mit seinen sprachphilosophischen Ansichten identifiziert — so erhebt sich die Frage, ob der FU diese 5 Kategorien entsprechend berücksichtigt. Man müßte dann feststellen, wie häufig diese Kategorien in der gesprochenen Sprache vertreten sind. S. Pit Corder (1960) hat dies anhand von allerdings nur *einem* Theaterstück untersucht. Seine Analyse des Stückes „The Skin Game" ergab folgende Häufigkeitswerte:

„Mands 38%
Tacts 9%
Intraverbal 50%
Echoic 2,5%
Textual . . . . . . 0,5%"   (a. a. O., S. 82)

Gegen den Hintergrund der Skinnerschen Kategorien des „verbal behavior" — die vor allem was Mands und Tacts anbelangt, im herkömmlichen Sprachunterricht kaum genügend repräsentiert sein dürften — hat S. Pit Corder seine „Contextual Method" entwickelt. Wir haben sie im II. Kapitel im Zusammenhang mit dem britischen Kontextualismus bereits vorgestellt.

Wenn wir Mands und Tacts als „quasi-spontanes" Sprachverhalten suggerieren wollen, werden wir um eine Hereinnahme der Medien Schulfernsehen und Schulfunk nicht herumkommen. Denn welcher Lehrer könnte „verbal behavior" in einem „context of the situation" besser darbieten? Wir sehen, wie sich hier viele Vorstellungen des Behaviorismus mit denen des britischen Kontextualismus (vgl. II. Kap.) decken. Auch dort wurde der Sprachhandelnde als relativ „determiniert" gesehen (vgl. Firth, 1964, p. 28), auch dort ergab sich die Forderung, daß der FU immer von der Situation ausgehen sollte (vgl. Halliday et al. 1964, p. 214).

2. Wenn man verbal behavior *nicht* nur als bloßes Reaktionsverhalten sieht, wird man allerdings die Übungsphase im FU anders gestalten müssen. W. M. Rivers (1965) schreibt dazu:

„The discussion of differing theories of habit formation has clearly shown the nature of the cleavage that exists between certain schools of psychological thought on the operation of verbal behavior. Is ‚knowing what one is saying' on the same level as ‚knowing' anything in the stimulating environment, as Skinner (1948, p. 96) puts it? Is the speaker ‚merely the *locus* of verbal behavior, not a cause' (Skinner, 1948, p. 95), the control going back to the environment and to the history of the organism? If this is so, then ‚the acquisition of oral and aural ability, in a second as in a first language, is primarely a mechanical rather than an intellectual process'. If, however, language is more than external stimulus and response and intraverbal association; if, as Lashley[41] maintains, a selective or scanning process is operative that is related to the integrative functions of the cerebral cortex, then some exercise must be provided in the language class for this aspect of verbal behavior (a. a. O., S. 43)."

Nachdem sich W. M. Rivers eingehend mit den Arbeiten von Miller, Galanter und Pribram[42] und von G. Katona[43] auseinandergesetzt hat, kommt sie zu dem Schluß, daß verbal behavior auf zwei Ebenen stattfindet, die in einer hierarchischer Anordnung zu sehen sind (Skinner glaubt dagegen, daß beide gleichrangig und rein mechanisch zu interpretieren sind): Die untere Ebene — meist als „motor-speech center" bezeichnet — verfügt über „manipulative skills". (Belyayev nennt sie „habits", da sie weitgehend mechanisch sind.)

Die obere Ebene — meist als „conceptual pattern analyser"[44] bezeichnet — verfügt über „abilities", die uns zu kreativem Sprachhandeln befähigen. Allerneueste Forschungsergebnisse aus den USA, die von William S. Condon und Luis W. Sander im Jan. 74 im „Science" veröffentlicht wurden, bestätigen die Theorie des kreativen Sprachhandelns; ihre Untersuchungen lassen den Schluß zu, daß aufgrund des beobachteten Sprachtrainings von Säuglingen und Kleinkindern der Sprachlernprozeß *nicht* durch die S-R-Theorie und der Wirkung des „reinforcement" erklärt werden kann. Der Sprachlernprozeß muß als *aktives*

---

41 Lashley, K.: The Problem of Serial Order in Behavior. In: L. Jeffress (ed.), 1951
42 Miller, Galanter and Pribram (1960)
43 Katona, G. (1940)
44 Vgl. dazu Rosenberg (1965), Chapter VI, S. 248 ff.

Sicheinleben in die Sprachgemeinschaft gesehen werden (nach Hellauer, D., „Mikrobewegungen des Säuglings". In: Süddeutsche Zeitung Nr. 53 v. 4. 3. 74, S. 21).

W. M. Rivers schreibt: „In view of all these facts, it seems difficult to maintain a belief in one level of language behavior of a mechanical character. Yet if the idea of two levels is accepted, provision must be made in the teaching of a foreign language for training at both levels. ‚A mechanical process of habit formation' can apply only to the lower level of manipulative skill, important as this is (a. a. O., S. 46/47)."

Und sie fordert — sehr ähnlich wie Belyayev, wie wir noch sehen werden —, daß wir durch „trial and error learning" das kreative, freie Hantieren mit der L_2 ebenso fördern müssen, wie gewisse Übungen, die nur auf S-R learning basieren; neben dem Üben des „matched dependent behavior" (a. a. O., S. 49), das dem imitierenden Lernen verhaftet bleibt, fordert sie Übungsphasen mit „learning with understanding" (a. a. O., S. 49), wo der Lernende, wenn er auch Fehler macht, mit der L_2 experimentiert, d. h. wo er diese seinen eigenen kommunikativen Bedürfnissen gemäß abwandelt. So kommt W. M. Rivers zu dem Schluß: „By giving the student an opportunity to experiment with the new language in a variety of situations, we will be helping him to achieve mastery at both levels of language behavior: at the manipulative level, where he will be trained by repetition of the right response, and at the level of communication, where he will learn by experience in selection to apply what he has learned to new situations (a. a. O., S. 78/79)."

Damit tritt sie für eine Schulung des Sprechhandelns ein, das mit dem übereinstimmt, was wir im I. Kapitel als übergreifendes Leitziel im Englischunterricht für die Sekundarstufe I gefordert haben.

4. Lernpsychologie und Motivation

Ehe bestimmte Lernweisen überhaupt wirksam werden können, muß beim Lernenden der Wunsch vorhanden sein, ein Lernziel zu erreichen. Ein *spontanes,* angeborenes Bedürfnis, eine Fremdsprache zu erlernen, wird im Schulunterricht nicht vorliegen, d. h. mit einer *primären,* natürlichen *Motivation* kann nur beim Erwerb der L_1 gerechnet werden.

Im Englischunterricht können wir nur von einer sekundären Motivation sprechen. Diese Art von Motivation kann erfolgen durch

1. den Lernstoff
2. die Aufgabenstellung
3. bestimmte methodische Maßnahmen

Zu 1.: *Lernstoff*

Erfreulicherweise kann der Anfangsunterricht davon profitieren, daß die Lernenden der englischen Sprache meist aufgeschlossen gegenüberstehen, schließlich ist unsere Welt heute so vom anglo-amerikanischen Zeitgeist (Raumfahrt, Luftfahrt, Massenmedien, Pop Music, Comics, Mode, Konserven usw.) und als Folge davon von englischen Fachausdrücken geprägt, daß darum nicht nur Motivation vorhanden ist, sondern auch die Sprachkenntnisse (Lexis) gar nicht am Nullpunkt anzusetzen sind. Wenn wir nun das Englische in aktuellen Situationen als Sprachhandeln anbieten, wird vom Stoff her genügend Motivation für die ersten Jahre da sein.

Hier ist die Ausgangsposition außerordentlich günstig, ohne daß wir als Lehrende dazu etwas beitragen müssen. William R. Lee[45] beschrieb diese Situation sehr treffend: „Half the battle for the language-learner's interest and attention has been won or lost before the teacher enters the classroom; the other half remains for the winning or losing. If this is an exaggeration, there is nevertheless much truth in it."

Erst im Lauf der Zeit werden das Maß der Fähigkeit des Lernenden, die Person und das Geschick des Lehrers und die Qualität des Unterrichts an dieser Motivation nagen. Wie wir schon früher erwähnt haben, ist dabei vor allem die Person des Fremdsprachenlehrers von besonderer Bedeutung; wir müssen hier jedoch zwischen Gymnasium und Hauptschule unterscheiden. R. Oerter (1969) berichtet über eine Untersuchung von Zigler und Kanzer, wonach „Kinder aus niederen sozialen Schichten eher auf personbezogene Verstärkung, Kinder aus der Mittelschicht eher auf leistungsorientierte Verstärkung reagierten" (a. a. O., S. 109).

Die Schwierigkeiten beginnen im allgemeinen jedoch ab der 7. Klasse: die von uns gesammelten Erfahrungen zeigen, daß die sich jetzt oft ausbreitende Unlust sowohl in der Hauptschule wie auf dem Gymnasium zu finden ist. Wir werden im folgenden darauf noch gesondert eingehen. Die jetzt nachlassende Motivation ist z. T. sicherlich auch vom Lernstoff her zu begründen: der Sprachlernprozeß erweist sich als langwieriger als dies die meisten Lernenden angenommen haben. Hier müssen dann besondere methodische Maßnahmen für die Erneuerung der Motivation sorgen.

Zu 2.: *Aufgabenstellung*

Ein gewisses Maß an Motivation ist durch die Tatsache gegeben, daß der Lernprozeß des Englischen von den Schülern als Lebenshilfe und Zurüstung für den künftigen Beruf gesehen wird. Gelegentlich wird der Englischlehrer aufgrund von aktuellen Anlässen diese Tatsache für ein Auffrischen der Motivation benützen. (Touristensaison, Frage der Berufswahl, Englisch als Weltsprache usw.) Aber auch die Aufgabenstellung im Rahmen des Unterrichts selbst kann motivierend wirken: wenn sich unsere Lernziele an kommunikativen Bereichen —

---

45 Lee, W. R.: External and Internal Motivation in the Foreign Language Lesson. In: Focus '80 (R. Freudenstein, ed.) 1972, p. 105

und nicht an Grammatikparagraphen — orientieren, wird auch der Fortschritt im Sprechhandeln eine neue Verstärkung bewirken und den Wunsch erwecken, zu weiteren Lernresultaten vorzudringen.

Eine sinnvolle Differenzierung wird jeder Lerngruppe ihr Arbeitstempo gewähren; ein überlegtes Aufgliedern des Stoffes in Darbietungs- und Aneignungsphasen wird dem Lernenden ein Erfolgsgefühl vermitteln, das motivierend wirkt. Gelegentliche Wettkämpfe sind eine beliebte Form, diese Fortschritte zu dokumentieren (vgl. Band II).

Comprehension Tests, die sich an viele Hörfunksendungen oder kleine Geschichten[46] anschließen können, verhelfen — da sie nur die rezeptiven Fähigkeiten ansprechen — auch dem Hauptschüler relativ leicht zu einem solchen Erfolgsgefühl.

Wenn Tests und Klassenarbeiten *nicht* als Strafmittel durch den Lehrer gebraucht werden, sondern Gelegenheit geben, zu zeigen, was man alles gelernt hat, so erweisen sich selbst diese als motivierend.

Wenn die Aufgabenstellung vernünftig im Schwierigkeitsgrad und die Bewertung weitgehend objektiv ist, wenn der Lernende in der Lerngruppe (= Schultyp) ist, die ihm adäquat ist, werden diese Formen der Leistungsmessung nicht als Leistungsdruck empfunden. Kinder haben eine robuste Freude am Wettkampf, die wir als Motivation aktualisieren sollten. W. R. Lee (1972) stellt dazu fest: „Competition is not always healthy competition. One cannot deny, however, that children love competitive activities, and that team and group rivalry, with scoring of points, may enormously stimulate certain language-using activities. Numerous language-learning games could be cited in support of this view (a. a. O., S. 109)."

Zu 3.: *Methodische Maßnahmen*

Jede überlegte Unterrichtsplanung beinhaltet eine entsprechende Lernmotivation, weil ein *Wechsel der Arbeitsformen* eingeplant ist:

— Wiederholung bekannter Lerninhalte in leicht abgewandelter Form;
— Darbietungsphase durch Tonband, Hörfunk oder Fernsehen;
— Unterstützung durch Bilder, Zeichnungen und Dias;
— imitation exercises wechseln mit anspruchsvolleren Übungen (trial and error/ self discovery learning) ab; nach mündlichen Übungen folgen schriftliche, die aufgrund ihrer Anlage (Lückentexte, Zuordnungsübungen) nicht allzuviel Zeit in Anspruch nehmen;
— Arbeit mit Lehrbuch und work-book;
— Partnerarbeit/Teilgruppenarbeit;
— Hinführung zum freien Gespräch;

---

[46] Einfache Erzählungen mit comprehension tests (multiple-choice-type) bietet u. a. das Büchlein „First Reading Book" von L. A. Hill (1969)

— Lied, Reim, Lernspiele;
— Leistungskontrollen, „remedial exercises" (die nicht erfolgreich Gelerntes noch einmal aufbereiten).

Wie wir im vorhergehenden bereits erwähnt haben, stellt sich uns das Problem der Motivierung für die Sekundarstufe I vorab für die Klassen 7—10, also auf der sog. Mittelstufe. Schwierigkeiten ergeben sich:

a) aufgrund der biologischen Reifezeit, in der die Lernenden dazu neigen, sich bei den „productive skills" zurückzuhalten; es kommt aber auch zu dem anderen Extrem, daß sich der Lernende — in erheblicher Überschätzung seiner Fähigkeiten — „produzieren" will;

b) weil manche Schüler der Hauptschule jetzt den „Hauptschulschock" zu überwinden haben: die begabteren Mitschüler sind zur Realschule abgegangen; nur zu leicht stellt man sich nun auf ein Lernplateau ein, das manche Lehrer für ein Lernlimit halten;

c) weil die englische Sprache jetzt oft nicht zusammenhängend erlebt wird (einfache Lektüre, Hörfunk, Schallplatten); stattdessen werden dem Lernenden immer neue Lernlücken bewußtgemacht.

Gerade das Gymnasium macht mit seiner „Ausnahme-Regel-Grammatik" den Lernenden besonders unsicher. Hier sollte man jetzt das Gelernte festigen (vor allem auf dem Gebiet der Semantik), statt auf grammatikalischem Gebiet Vollständigkeit anzustreben. Ein Zuviel an *historischer* Landeskunde erhöht hier nur noch die sich ausbreitende Langeweile am Stoff, wobei die Sprachebene oft zu früh auf die reine „written form of the language" überwechselt.

Die Hauptschule sollte nun bei einem gewissen Verzicht auf elaborierte Satzbaumuster auf dem Gebiet der Lexis neue Lernziele anhand von motivierenden Texten (Lied, Schlager, Fernseh- und Hörfunksendungen) finden. Auf allen Schultypen kann jetzt das Lesen von „graded simplified texts" ein Energiespender für fremdsprachliche Aktivität werden (vgl. dazu das Angebot u. a. der Verlage Longman, Macmillan, Oxford University Press).

Manches ist gegen diese „simplified readers", gegen die „Häppchen-Literatur" eingewendet worden. Uns will scheinen, daß es auf der Mittelstufe wichtiger ist, einen gewissen Lesehunger durch Lektüre dieser Art zu befriedigen, als ihn durch zu schwierige Ganzschriften zu frustrieren.

„Ungraded readers" können meist ab dem 9. oder 10. Schuljahr eingesetzt werden, um Literatur unverfälscht an den jungen Leser heranzubringen.

Ein solcher Lektüreunterricht ist nicht nur „reading for information", sondern gibt immer wieder Anlaß zum Sprechen und Festigen von Sprachgewohnheiten. Sehr treffend hat H. J. Lechler in seinem Buch „Lust und Unlust im Englischunterricht"[47] diese Problematik gekennzeichnet:

---

47 Lechler, H. J. (1972)

„Wie gut oder wie schlecht unser Unterricht ist, das hängt mit von der Frage ab, was wir mit der Sprache tun, was wir mit ihr anzufangen wissen. Sortieren und sezieren wir sie nach Ausnahmen und Sonderfällen, oder ist uns die Sprache ein Schlüssel, mit dem wir uns ein neues Stück Welt erschließen? Strengen wir also unsere Phantasie etwas an: auf der Mittelstufe brauchen wir sie mehr als anderswo. Vielleicht ist sie das Mittel gegen die Unlust."

Nachdem wir einige der Möglichkeiten, wie im Englischunterricht Motivation erworben werden kann, dargestellt haben, kommen wir nun — sicherlich in einer hierarchischen Abfolge — zu dem Problem der Lernweisen, also zur Fremdsprachenlernpsychologie. Auch hier bedingt der Rahmen dieses Buches eine knappe Darstellung der Probleme.

Ähnlich wie bei der Linguistik ergibt sich auf dem Gebiet der Lernpsychologie fürs erste eine recht entmutigende Bestandsaufnahme für den Methodiker. So schreibt George A. Miller[48] von der Harvard University im Blick auf den Streit zwischen dem assoziativen Lernen (S-R-Learning, sog. konditioniertes Lernen) und der „field theory" (die auf die Gestaltpsychologen zurückgeht: sog. konzeptuelles Lernen) folgendes:

„It is as difficult for psychologists to agree about learning as it is for a group of theologians to agree on a definition of sin (a. a. O., S. 160)."

Er gibt zu, daß die Reduzierung auf die oben angeführten *zwei* Schulen bereits eine Vereinfachung ist, denn eigentlich müsse man sich mit mindestens 10 verschiedenen Lerntheorien auseinandersetzen. John B. Carroll, Professor für „educational psychology" kommt zu einem ähnlichen, sehr ernüchternden Resümee, wobei auch er weitgehend von denselben zwei Kontrahenten ausgeht: der „audiolingual habit theory" (dem S-R-Learning sehr ähnlich) und der „cognitive code-learning theory" (der Feld-Theorie entsprechend). Er schreibt:

„We are at such a really rudimentary stage in the development of theory in the behavioral sciences that there is enormous scope for theoretical developments. This is true not only for learning theory in general but also for the theory of foreign language learning. That is, we do not yet have either a good general theory concerning the conditions under which learning takes place or a general theory of language behavior that would enable us to select optimal components of a foreign language teaching system for any given case. This is not to say that we know nothing about learning — I would hold that we know a good deal about it on a descriptive, functional level, for we can state quite a number of generalizations and principles that, if followed, will help the teacher or learner improve the course of learning. My point is that no proved *theory* now exists to account for all the phenomena we can observe or even the phenomena that we can predict and control. We are in the stage in the history of our science that chemistry was in before molecular theory was well developed. The lack of a proved theory becomes particularly acute when we try to understand the process of learning a second language." (Carroll, J. B., in Valdman, 1966, S. 101.)

---

48 Miller, G. A. (1963)

Nun stellt sich aber für den Methodiker glücklicherweise nicht primär die Frage, welcher von beiden Richtungen er sich anzuschließen hat[49].
C. van Parreren warnt sogar vor einem solchen „Alles-oder-Nichts"-Standpunkt. In seinem Aufsatz „Reine Lernpsychologie und Fremdsprachen-Lernpsychologie"[50] verweist er auf die Tatsache, daß ein solcher Unitarismus in der Lernpsychologie selbst schon seinen Gipfel überschritten hat; nun sollte die Fachdidaktik auch den Mut haben, je nach Lernproblem eklektisch vorzugehen. C. van Farreren (1972) fordert:

„So wie in der Lerntheorie selbst, scheint mir auch für ihre Anwendung der Pluralismus der fruchtbarere Ausgangspunkt zu sein. Für das Erlernen einer Fremdsprache bedeutet das, daß man die vielen verschiedenartigen Lernprozesse, die sich dafür entfalten und zusammenfügen sollen, undogmatisch betrachtet, jeden Lernprozeß für sich untersucht und für jeden seine eigenen optimalen Unterrichts- und Lernverfahren entwickelt. Schon die grobe Einteilung des Sprachen-Lernens in die Fertigkeiten Sprechen, Verstehen, Lesen und Schreiben genügt, um sich die Unterschiedlichkeit der Lernprozesse, die da ablaufen sollen, zu vergegenwärtigen. Doch auch innerhalb bestimmter Unterrichtsgegenstände, z. B. der Grammatik, könnte man sehr gut verschieden vorgehen. Wahrscheinlich gibt es bei jeder Kombination von Muttersprache und Zielsprache bestimmte grammatische Erscheinungen, bei denen das optimale Vorgehen eine kognitive Erhellung des Zusammenhangs fordert, während andere einfach im Gebrauch der Sprache selber ‚zufällig' (engl. *incidental*) von den Schülern erlernt werden können (a. a. O., S. 97)."

Es ist schließlich evident, daß z. B. die Pluralbildung der englischen Hauptwörter oder der Gebrauch des bestimmten Artikels, weitgehend als „habit-learning" durchgeführt werden kann, während z. B. die verschiedenen Ausdrucksmittel für die Zukunft im Englischen einen kognitiven Lernvorgang erfordern. Die These, die wir schon im Hinblick auf die verschiedenen linguistischen Theorien aufgestellt haben, daß nämlich das *spezielle Lernproblem* uns jeweils nach dem einen oder dem anderen Modell greifen läßt, sollte wohl auch hier gelten. Freilich hatte die enge Bindung zwischen den amerikanischen Strukturalisten und den Vertretern der Assoziationstheorie Anfang der 60er Jahre zu einem Zustand geführt, der den Eindruck erweckte, es gäbe gar keine Wahl — dies traf zumindest für die Ebene der Theorie zu, inwieweit davon die Praxis wirklich betroffen war, bleibt dahingestellt. Damals schien es so, daß jedes Sprachkönnen nur auf eine Summe von „habits" — von automatisierten Sprachverhalten — zurückzuführen sei, weil man, getreu dem Skinnerschen Modell, jeden Sprachakt als S-R-Automatismus interpretierte.
Erst Psychologen wie W. M. Rivers und B. V. Belyayev haben als Reaktion darauf nachgewiesen, daß das Beherrschen einer Sprache eine *Fähigkeit* ist, die

---
49 Wobei schon der Terminus „Lernpsychologie" sehr täuschen kann; man darf nicht vergessen, daß sich die fundiertesten Ergebnisse auf Lernprozesse beziehen (Lerntheorien mit Tierversuchen, „Skinner-box", Memorieren von Wortreihen usw.), die keineswegs mit dem Lernen in der Schule zu vergleichen sind.
50 Parreren, C. van: „Reine Lernpsychologie und Fremdsprachen-Lernpsychologie. In: Focus '80 (R. Freudenstein, ed.) 1972

auf Fertigkeiten, auf speech habits und auf theoretischem Wissen über die Sprache basiert (vgl. Arndt, H.: Linguistische und lerntheoretische Grundaspekte des Grammatikunterrichts im Englischen. In: Der fremdsprachliche Unterricht, Mai 1968, Heft 6). Der einseitige Standpunkt der audio-lingual habit theory konnte sich um so leichter behaupten, als das Ergebnis des Sprachlernprozesses ein Zustand ist, bei dem sich das Bewußtsein nicht mehr auf Sprachregeln, sondern nur noch auf den Sprachinhalt richtet. Davon leitete man den vorschnellen Schluß ab, daß die Übungsphase, die vorhergeht, ebenfalls weitgehend „non-analytic" sein müsse.

Impliziert doch auch der Erwerb von anderen Fähigkeiten anfangs einen konzeptuellen Lernprozeß. (Penfield erwähnt als Parallele zum Sprachenlernen das Autofahren, wo im ersten Stadium das Lernen auch bewußt vor sich geht, um am Ende automatisiert zu werden. A. a. O., S. 248.)

Für den FU wird konzeptuelles Lernen (= Einsicht im Sinne der Gestaltpsychologie, Erkennen der Struktur oder Konfiguration) vor allem beim Transfer von Vorteil sein. Denn:

— einsichtig Gelerntes ist *wandlungsfähiger* (vgl. C. van Parreren, 1966, S. 103) als anders gelerntes Material;
— es kommt nur zum Transfer, wenn z. B. durch „trial-and-error"-Lernen die Fähigkeit geübt wurde, gelerntes Sprachmaterial *umzuformen* (vgl. Rivers, 1964, p. 48, p. 67 and p. 129).

Nachdem Dunkel (1948, p. 24—25) bereits nachgewiesen hat, daß trial-and-error learning eine bemerkenswerte Rolle im muttersprachlichen Lernprozeß spielt, überrascht dies keineswegs. Solches „selecting behaviour" ist für das L_2-Lernen ebenso wichtig. Rivers (1964) formulierte dies so: „Only through some form of trial-and-error experimentation in the classroom will the student have the opportunity to practice novel arrangements of the foreign-language forms he has learned, in circumstances where he can be carefully trained in correct discriminations. If he is continually in a situation where his responses are right and rewarded, he will never find himself in a learning dilemma where he must rearrange his repertoire in order to meet new demands, and he will not develop that adventurous spirit which will enable him to try to meet any situation by putting what he knows to maximum use (a. a. O., S. 77/78)."

Gerade schwächer begabte Schüler, so zeigt uns die Praxis, sind selbst nicht in der Lage, von den Imitationsübungen ein generalisiertes Sprachverhalten abzuleiten und die Grenzen der Analogiebildung zu erkennen.

Einige Methodiker, wie z. B. Gutschow (vgl. Gutschow, 1968, in: Der fremdsprachliche Unterricht, Heft 6) lehnen gerade für die Schüler der Hauptschule diese kognitiven Hilfen ab, weil die Terminologie von manchen grammatischen Regeln zu kompliziert sei. Abgesehen davon, daß im Deutschunterricht der Grundschule diese Terminologie schon bereitgestellt wird, könnten andere Formen der Regelformulierung (wie sie z. B. C. van Parreren vorschlägt, und wie wir sie im folgenden noch kurz vorstellen werden) einen Ausweg anbieten. Zum anderen darf nicht übersehen werden, daß *alle* Kinder ab dem 9. oder 10. Le-

bensjahr an einer Entwicklung teilnehmen, die das imitative Lernen zugunsten des konzeptuellen Lernens verdrängt[51].
Gerade also das Problem des Transfer, ohne den es zu keinem kreativen Sprechhandeln kommen kann, fordert die Generalisation der Funktion der Elemente in einer sprachlichen Struktur. Deshalb erweist sich auch der von H. Gutschow empfohlene Weg über die Situationsgrammatik im Anschluß an den britischen Kontextualismus nicht als Ausweg; wenn wir auch Sprache in Situationen darbieten, so müssen wir trotzdem zu dem Punkt kommen, wo der Lernende das *formale Problem* als vom Kontext *losgelöst* erkennen muß, weil er sonst in neuen Situationen nicht handlungsfähig ist.

Um im Widerstreit der Meinungen einen eigenen Standpunkt beziehen zu können, wird es notwendig sein, die zwei Kontrahenten, die wir nach Miller (1963, p. 161) *vereinfachend* als „association theory" und „field theory" bezeichnen, genauer vorzustellen:

Assoziationstheorie

Lernen zielt auf Veränderung des Verhaltens ab, jeder Lernvorgang ist eine Festigung von Stimulus-Response-Verbindungen. Die Festigung gelingt um so besser, je öfter auf die Produktion des richtigen Response eine Belohnung, eine Bestätigung (= reinforcement) erfolgt.
Schließlich führt eine Kette von Reflexen (= stimuli + responses) dazu, daß der Reiz bereits selbst den Charakter einer Belohnung annimmt (= secondary reinforcement). Wenn keine Bestätigung auf einen Response erfolgt, wird diese Reaktion reduziert und schließlich ausgelöscht (= process of extinction). Jeder Lernvorgang wird in kleinstmögliche Elemente, die einzeln beobachtbar sind, zerlegt.
Jede Form des „verbal behavior" ist, wie wir bei der Betrachtung der Skinnerschen Kategorien gesehen haben, ein solches S-R-Verhalten.
Ebenso ist das *Lernen von Wörtern* eine Koppelung von Stimulus (Gegenstand oder Vorstellung davon) mit dem passenden Response (= Bedeutung) aufgrund der Bestätigung, die der Lernende von seiner Umgebung dabei erfährt (vgl. Miller, 1963, p. 164). Auf ähnliche Weise lernt das Kind zu diskriminieren („nicht alle männlichen Wesen werden Papa genannt"), durch die soziale Umwelt lernt es Abstraktionen (z. B. Rot als Farbabstraktion ist nicht mehr an spezielle rote Gegenstände gebunden).

Für das *Lernen der Sprachregeln* wären drei Erklärungen denkbar; von denen die letzte für diese Lerntheorie relevant ist:
1. Der Schüler lernt jeden einzelnen Satz als separate Einheit — eine Vorstellung, die an der Vielzahl von möglichen Sätzen scheitert.

---
[51] Stern, H. H. (1963)

2. Es werden Regeln gelernt, nach denen wir Sätze produzieren (Chomskys Modell → Sprachkompetenz, vgl. II. Kap.).

3. Es werden Regeln *impliziert* und durch Pattern Practice gelernt, wobei „autoclitic behavior" stattfindet:
Manche Wörter (wie z. B. any, some, not, if) übernehmen die Rolle von „logical terms"; diese sind wiederum Response auf andere Wörter, die vom Sprecher produziert werden (Miller, 1963, p. 171).

Im Vergleich zu Chomskys Modell des verbal behavior (II. Kap.) überzeugen diese Argumente der Assoziationstheorie kaum. Vor allem ist das Phänomen der sprachlichen Kreativität damit überhaupt nicht erklärt.

Übertragen wir das eben beschriebene Verhalten auf das Lernen der L_2, so ergeben sich als Lernweisen:

1. Imitation, sehr starke Betonung auf Wiederholung bis zum „overlearning",

2. und Lernen im Sinne des Pattern Drill, das reines S-R-Lernen mit Bestätigung ist.

Niemand wird leugnen, daß auf diese Weise — sogar recht erfolgreich — Einzelteile des Sprachverhaltens gelernt werden.

Nur erweist sich der *Elementarismus* (= Aufgliedern in kleinste Lernelemente) als der ungeeignete Weg, nachher das Gelernte in freier Kommunikation zu einem komplizierten Ganzen zusammenzufügen (vgl. C. van Parreren, 1972, S. 95).

Wenn der Lernende u. a. nicht durch trial-and-error learning dazu gebracht wurde, selbständige Lösungsversuche zu unternehmen, kann keine wirkliche Kommunikation stattfinden (vgl. Schneider, B.: Kritische Anmerkungen zu den audio-lingualen Übungstypen im fremdsprachlichen Unterricht. In: Praxis des neusprachlichen Unterrichts, 1971, 18, S. 56—66).

Einer der Psychologen, die sich anfangs der 60er Jahre noch für ein weitgehendes „learning by practice" — ohne planvolle Hereinnahme von kognitiven Lernprozessen — ausgesprochen haben, ist R. Titone (1964, pp. 95/96). Er setzt sich für einen „Ganzheitsunterricht" ein, der auf sprachliche Analyse verzichtet (a. a. O., S. 97).

Für ihn beruht das Lernen der L_1 noch *ohne Sprachkompetenz* im Sinne Chomskys hauptsächlich auf Imitation und Differenzierung. Da er mehr Gemeinsames als Verschiedenartiges für den Lernprozeß der L_1 und L_2 annimmt, sollte seiner Meinung nach auch für den modernen Fremdsprachenunterricht eine modifizierte Version der *„Natural Method"* (a. a. O., S. 14) benützt werden.

Er kommt zu dem Ergebnis:

„No matter how important grammatical induction may be, one must none the less unceasingly stress the greater relevance of practice with the living language itself for effective learning. Grammatical awareness is but a guiding light through correct

(i. e. intelligible) language use; but what counts most in the very use of the language system is the actual automatization of verbal habits, which ultimately make up living speech (a. a. O., S. 114/115)."

Feld-Theorie

Hier wird der Lernprozeß völlig anders gesehen: nicht die äußeren Reaktionen, sondern innere Vorgänge, die als Voraussetzung für äußeres Verhalten anzusehen sind, werden im Lernvorgang entwickelt (in unserem Fall: Denken in der L_2). Der gesamte Lernprozeß wird als „action pattern" betrachtet, das man nicht in Einzelkomponenten zerlegen darf; es soll die Konfiguration, die Struktur erkannt und durchschaut werden. So Gelerntes wird leichter überschaubar und faßbar, es muß weniger häufig geübt werden; es wird besser behalten[52], weil die Spuren im Gedächtnis stärker ausgebildet sind. Der Lernprozeß zielt nicht auf Gewöhnung, sondern auf Einsicht (insight learning). Nur dieses Lernverfahren bereitet zum Transfer vor. Miller (1963) schreibt: „. . . the solution is attained by sudden insight and is remembered and recognized in similar situations in the future. Here is no patching together of chains of reflexes (a. a. O., S. 163)." Solche Einsichten bedeuten für das Lernen der L_2 ein Bewußtmachen sprachlichen Regelverhaltens, das als Lernhilfe angeboten wird; dies impliziert aber noch keine zentrale Methode, sondern ist fürs erste nur für die Übungsphase relevant. Für kognitive Lernweisen im FU haben sich vor allem W. M. Rivers, B. W. Belyayev und C. van Parreren (1972, a. a. O., S. 96) ausgesprochen:

W. M. Rivers möchte einen Ausgleich zwischen „habit formation" und „learning with understanding" herbeiführen (vgl. a. a. O., Chapter V, VIII and XI). Es geht ihr um einen problemgerechten Kompromiß:

„. . . the method of *,direct practice'*, or repetitive drill where understanding is not required, is effective where specific elements of the learning situation will be reproduced in later situations exactly as they have been learned. This includes rules learned by rote. The *understanding* of a principle, of the whole qualities of a situation, and of the relationship between parts, on the other hand, leads to better application of the learning in situations which are physically different (Rivers, 1964, p. 180)."

Je nach Art des Lernproblems plädiert auch C. van Parreren für *verschiedenartige* Lernprozesse (1972, p. 97), neigt aber insgesamt mehr der kognitiven Lernweise zu.

---

[52] Natürlich muß auch hier, da die Gedächtnisleistung in den ersten Tagen nach der Darbietung stark abfällt, möglichst *bald* wiederholt werden. Der Wiederholungsstoff muß gut strukturiert sein (= überschaubare Sinneinheiten). So wird die Behaltenszeit nach dem Gesetz des geometrischen Zuwachses vergrößert, d. h. nach jeder Wiederholung verlängert sich die Behaltenszeit um das Zweifache oder Dreifache gegenüber der Zeit, die der Wiederholung vorausgegangen ist.

Nachdem die Ausführungen Belyayevs am konsequentesten für eine kognitive Lernweise plädieren, müssen wir diese etwas genauer vorstellen. Für ihn muß der FU das Denken in der L_2 ermöglichen, damit wir kreativ in der Fremdsprache handeln können. Dazu darf man nicht mit Einzelstücken der Sprache (Vokabeln oder Pattern Drill) automatisiertes Sprachverhalten anstreben. Die methodische Progression muß so verlaufen:

1. *Erwerb einer Einsicht* (acquisition of theoretical knowledge, vgl. Belyayev, 1963, a. a. O., S. 79). Dies darf nicht mehr als 15% des Unterrichts ausmachen (1967, S. 125).

2. *Erwerb von „habits"* (sie sind notwendige Komponenten von „skills"). Wir brauchen „speech habits" für häufig stattfindende Sprachhandlungen, die *unverändert* ablaufen (1963, S. 76); sie werden durch Wiederholungsübungen („repetition") eingeschliffen: „A single action is performed again and again without any change of form or content (1963, S. 79)."

3. *Erwerb von „skills"* in mündlichen und schriftlichen Übungen („exercises" → „. . . with exercises an action is always modified and becomes different each time in content or form, or in both [1963, S. 79/80].") In dieser Phase ist das Bewußtsein auf die sprachliche Form gerichtet. Deshalb fordert er: „Jedoch sollte der Prozeß der Bildung dieser Fähigkeiten *keinen mechanischen Charakter* haben (1967, S. 125)."

4. *Erwerb von „abilities"*: Jetzt sind Vokabular und Strukturen so gut eingeübt, daß sich das Bewußtsein nur noch auf den Inhalt richtet. Die Redegewohnheiten sind nun automatisiert. Er schreibt dazu:

„Das Training der Lernenden in fremdsprachlicher Sprechtätigkeit, dem man schätzungsweise 85% der Unterrichtszeit widmen sollte, soll frei von Übersetzung sein. Deshalb dürfen die fremdsprachlichen Sätze und Texte (sowohl in der mündlichen als auch in der schriftlichen Rede der Lernenden) keine unbekannte Lexika oder unbekannte grammatikalische Konstruktion enthalten, deren Besonderheiten den Lernenden nicht vorher erklärt worden sind.
Die Lernenden muß man nicht nur in übersetzungsfreier, sondern auch in schöpferischer (produktiver) fremdsprachlicher Rede trainieren; hierzu darf man nicht einmal die zweimalige Wiederholung oder Verwendung desselben Redematerials zulassen (1967, S. 125)."

Wenn man seine „conscious — practical method" (die also weitgehend ein deduktives Lernverfahren impliziert) anwendet, wird man beim Lernenden

„. . . eine unmittelbar-gefühlsmäßige oder intuitive Art des Beherrschens der Fremdsprache schaffen, bei der das Bewußtsein des Menschen von der semantischen Seite der Rede in Anspruch genommen ist, während die sprachliche Formung der Gedanken ohne Teilnahme des Bewußtseins, d. h. intuitiv auf der Grundlage des Sprachgefühls aufgenommen oder vollzogen wird.
So sollen unserer Meinung nach die grundlegenden wissenschaftlich (psychologisch) begründeten methodischen Prinzipien aussehen, durch die die rationellste Lernmethode für Fremdsprachen charakterisiert ist. Wir glauben, daß man diese Methode am besten die praktisch-bewußte Methode nennt, wenn man ihre zwei hauptsäch-

lichen Besonderheiten in Betracht zieht: erstens wird als entscheidender Lehrfaktor die fremdsprachliche Praxis angesehen, zweitens muß dieser Praxis unbedingt eine Mitteilung vorausgeschickt werden. Durch diese Hauptprinzipien unterscheidet sich die praktisch-bewußte Methode wesentlich sowohl von der Übersetzungs-Grammatik-Methode als auch von der direkten Methode.

Von der Übersetzungs-Grammatik-Methode unterscheidet sich die praktisch-bewußte Methode durch eine Verschiebung des Schwerpunktes vom Sprachwissen auf die Redepraxis und durch das Abgehen vom Übersetzen als grundlegendes Mittel für den Unterricht und das Verstehen fremdsprachlicher Rede. Ihr Unterschied zur direkten Methode liegt darin, daß die Theorie der zu lernenden Sprache nicht nur nicht ausgeschlossen wird, sondern als Ausgangspunkt gilt, und darin, daß beim fremdsprachlichen Training der Lernenden die mechanischen Übungen, die einen reproduktiven Charakter haben, durch lebendige, produktive aktiv-schöpferische Rede ersetzt werden (1967, S. 126)."

Diese Lernweise deckt sich weitgehend mit der seines Landsmannes W. Salistra[53].

Bei C. van Parreren verläuft der Lernprozeß auch auf diesem Weg: aus einer kognitiven Handlungsstruktur entwickelt sich die nicht-kognitive:

„Am Ende des Lernprozesses wird die Leistung *automatisch* ausgeführt. Dann sind für den Vollzug von Handlungen kognitive Zwischenprozesse nicht mehr erforderlich, und der Mensch kann, wenn er es wünscht, seine kognitive Aktivität auf etwas anderes einstellen. Die erlernte Leistung ist dann ein Automatismus oder ein System von Automatismen geworden, d. h. sie beruht auf einer nichtkognitiven Handlungsstruktur. Beim Schreiben befaßt der erfahrene Schreiber sich überhaupt nicht mehr bewußt mit den Bewegungen, die er ausführt, mögen diese auch noch so komplexer Art sein. Er denkt an das, was er schreiben will, an den Inhalt (1966, S. 34)."

Eine kognitive Handlungsstruktur gibt dem Lernenden einen Leitfaden, ein kognitives Schema. Dazu schreibt C. van Parreren:

„Eine Beziehung oder eine Beziehungsganzheit, die man bewußt erfaßt, nenne ich ein ‚kognitives Schema'. In einer kognitiven Handlungsstruktur wird nun immer aufgrund eines solchen kognitiven Schemas gehandelt. Es dient dem Menschen bei der Ausführung der Handlung sozusagen als Leitfaden (a. a. O., S. 101)."

Dabei soll der Lernende genau wie bei Belyayev keine Regeln auswendig lernen. Parreren erklärt dies so:

„Den Ausdruck ‚kognitives Schema' verwende ich für einen Begriff, für den auch andere Bezeichnungen gebräuchlich sind. Insbesondere liegt es nahe, einfach von ‚Kenntnis' zu sprechen. Gerade das Wort ‚Kenntnis' drückt gut aus, daß nicht die bewußten Prozesse als solche gemeint sind, sondern deren eigentlicher Inhalt, dasjenige, worüber in bewußten Prozessen verfügt wird. Statt von ‚kognitiver Handlungsstruktur' könnte also auch einfach von ‚Handeln aufgrund von Kenntnis' gesprochen werden. Aber ich vermeide den Begriff ‚Kenntnis' doch lieber, weil man mit ihm normalerweise eine spezifischere Bedeutung verbindet, als der Begriff ‚kognitives Schema' sie haben soll. Kognitive Schemata *können* den Charakter einer Kenntnis haben, aber sie brauchen sie nicht zu haben. Bei ‚Kenntnis' denken wir besonders an

---

53 Salistra, W. (1962)

etwas, was auf dem Wege über die Sprache, also verbal erfaßt werden kann; der Begriff ‚Kenntnis' schließt eine gewisse Formulierbarkeit in sich ein. Kognitive Schemata können aber auch eine nicht-verbale Form haben, z. B. können sie den Charakter einer visuellen Vorstellung oder eines Bildes haben (a. a. O., S. 102)."

Auf das Problem, wie solche Schemata aussehen können, werden wir im folgenden noch näher eingehen müssen, wenn wir die Problematik der Regelformulierung besprechen.

Ob nun diese Regeln induktiv durch „guided discovery" selbst entdeckt werden sollen — pädagogisch spricht einiges dafür — oder ob diese Regeln auf direktem Wege durch „expository teaching" dargeboten werden sollen, ist vom Standpunkt der Lernpsychologie aus eine sehr umstrittene Frage. Man wird wohl auch hier je nach Lernproblem verschieden entscheiden müssen. C. van Parreren äußert sich dazu wie folgt:

„Ist die ‚gelenkte Entdeckung' wirklich immer der optimale Lernvorgang, wenn es sich um Grammatikregeln handelt? Gibt es nicht auch lernpsychologische Befunde, die gerade in die Richtung der präskriptiven Darbietung weisen? Das Problem des Selbstentdeckens gegenüber einer Instruktion auf direktem Wege (‚expository teaching') ist auch in der Lernpsychologie eine heißumstrittene Frage. Sicher ist sie noch ungenügend erforscht. Dennoch sind in Untersuchungen Licht- und Schattenseiten beider Verfahren zutage getreten. Wahrscheinlich haben beide Verfahren ihren eigenen didaktischen Ort (1972, S. 10)."

Schließlich plädiert auch Carroll[54] für eine *Modifizierung* der Fremdsprachenlerntheorie. Er weist nach, daß sich die Audio-Visual Method amerikanischer Prägung nicht mehr mit den neueren Ergebnissen der Lerntheorien vereinbaren läßt. Sie müsse im Hinblick auf kognitives Lernen modifiziert werden:

„It is ripe for major revision, particularly in the direction of joining with it some of the better elements of the cognitive code-learning theory. I would venture to predict that if this can be done, then teaching based on the revised theory will yield a dramatic change in effectiveness (1966, pp. 105/106)."

Fürs erste schlägt er in dem obigen Aufsatz folgende Maßnahmen vor (a. a. O., pp. 104/105):

1. Die Übungsphase ist wirkungsvoller, wenn das zu lernende Sprachverhalten mit anderen, womit es verwechselt werden kann, häufig kontrastiert wird.

2. Sprachmaterial, das verstanden wird, wird leichter gelernt und besser behalten (gegen das „global learning" ohne Analyse gerichtet).

3. Unter gleichen Voraussetzungen wird Sprachmaterial besser gelernt, wenn es nicht nur auditiv, sondern auch visuell dargeboten wird.

4. Man soll beim Erwerb von „skills" auch kognitive Lernweisen bei schwierigeren Problemen (= „critical features of a skill") anwenden, um so den Lernprozeß effektiver zu gestalten.

---

54 Carroll, J. B.: The Contributions of Psychological Theory and Educational Research to the Teaching of Foreign Languages. In: Valdman, A. (ed.), 1966, pp. 93—106

5. Der beabsichtigte Lernprozeß (also sprachliche Wahrnehmungen durch Ohr und Auge, Verstehen und das Behalten) wird durch die Beteiligung aller Sinne verstärkt. Deshalb sollen beim Lernen von lexikalischen Einheiten, sofern dies möglich ist, auch entsprechende motorische Tätigkeiten ablaufen. (Dewey's „learning by doing" scheint jetzt wieder entdeckt und auf den Anfangsunterricht transponiert zu werden.) Diese Forderung haben wir bereits im I. Kapitel bei der Einführung des Begriffs „Kontext" aufgestellt.

Soll man nun, wenn man nicht so naiv ist und annimmt, daß völlig unbewußtes Lernen einen Ausweg darstellt[55], sein Heil doch wieder bei Sprachregeln suchen? R. A. Close[56], ein englischer Linguist schreibt dazu: „The teacher or student who says, ‚Give me a simple but reliable rule for the articles, or the tenses', is asking for the impossible (a. a. O., S. 16)." Sein Ausweg hilft uns aber auch nicht viel weiter:

„Eventually, modern linguistics and psychology combined may explain why — or at least in what circumstances — we say what we do. Their explanation will probably be expressed in terms very different from those of the traditional grammar of Indo-European languages, perhaps in terms very difficult for the ordinary teacher and student to understand. Meanwhile neither the teacher nor the student can wait till the perfect solution is found. So I offer this book as a temporary guide (a. a. O., S. 18)."

Selbst Close gibt zu, daß „teachable rules of the thumb" vernünftigerweise vor allem für Anfängerkurse benützt werden können (a. a. O., S. 18), wenngleich wir festhalten müssen, daß sich Formulierungen dieser Art häufig als linguistisch angreifbar erweisen werden.

Es gilt hier, im Einklang mit dem im II. Kapitel Gesagten, daran zu erinnern, daß wir keine linguistischen Regeln — die nach möglichst totaler Beschreibung tendieren müssen — formulieren wollen, sondern pädagogische Regeln, die für den augenblicklichen Fall eine Erklärung geben.

Kognitive Lernweisen zu fordern, heißt gewiß nicht, die alte Regelgrammatik wieder aufleben zu lassen; ebensowenig wird verlangt, daß *jede* sprachliche Einheit sofort durch eine explizite Grammatikerhellung analysiert werden soll. Viele sprachliche Äußerungen können fürs erste einmal nur als lexikalische Einheiten dargeboten werden (wie z. B. „I don't have to"). Es bleibt beim richtigen Anwenden in der Situation (implizite Grammatik) und erst später beim Zusammenstellen und Kontrastieren (I will → I won't, I can → I can't, I may → I mustn't, I must → I don't have to . . .) wird explizit verfahren.

Solche Regeln sollen auch nicht alles erklären und beschreiben, sondern — wie bereits mehrmals erwähnt — nur das im Augenblick zu lernende Sprachverhalten durchschaubar und transponabel machen. Sie sollen auf der *Stufe des*

---

[55] Vgl. dazu Palmer, H. E. (1921), pp. 41—42, und dazu die Erwiderungen von Gauntlett, J. O. (1963), pp. 32—33
[56] Close, R. A. (1971⁵)

Spracherwerbs ein bestimmtes sprachliches Regelverhalten in einer Vielzahl von modifizierten Situationen verständlich machen, sie sollen auf der *Stufe des Sprachausbaus* zu Sprachproduktionsregeln werden. Kognitive Einsichten können darüber hinaus nicht nur als Regeln vermittelt werden; strukturierendes Ordnen des Lernstoffes, Kontrastieren mit Oppositionspaaren, sorgfältige Lernsequenzen[57] und planvolles Wiederholen mit Übungen, die über bloße Imitation und Analogie[58] hinausgehen, stellen ebenso Elemente dieser Lernweise dar.

Zum Problem, wie eine Regel im FU dargeboten werden kann, schreibt C. van Parreren (1972) zusammenfassend:

„Einerseits kann man die Regel in abstrakt-verbaler Form einführen. So ging die ‚alte Regelgrammatik' vor. Nun kann man aus ihrem Scheitern nicht herleiten, daß jegliche Verwendung von Regeln in abstrakt-verbaler Form aus dem Unterricht auszuschließen sei. Die traditionelle Methodik hat sicherlich auch nicht die restlichen Bedingungen für einen optimalen Regelgebrauch beachtet. Es gibt jedoch auch eine Alternative zur abstrakt-verbalen ‚Beregelung', und zwar die Darbietung von Regeln in Form anschaulich-visueller Schemata. Man kann eine grammatikalische Struktur durch einfache Diagramme darstellen und die logischen Bedingungen mit den dazugehörigen Schlußfolgerungen mittels Pfeile usw. verbildlichen. Die sowjetischen Psychologen Kuljutkin und Suchobskaja haben kürzlich in einem, jedoch aufsehenerregenden Experiment diesen Typ des Regellernens verglichen mit dem abstrakt-verbalen Typ (für den muttersprachlichen Unterricht) und die Schema-Form unter anderem darin günstiger gefunden, daß die Schüler in ihrem spontanen Verhalten viel eher dazu geneigt sind, sich an visuellen Schemata zu orientieren als an einer verbalen Regel. Dies könnte auch für den Fremdsprachenunterricht zutreffen (a. a. O., S. 101)."

Leider ist der einzelne Lehrer z. Z. noch weitgehend auf seine eigene Kreativität angewiesen, solche anschaulich-visuellen Schemata zu ersinnen, obgleich natürlich auch die von G. Zimmermann vorgeschlagenen „key-words" einer Signalgrammatik (vgl. II. Kap.) ein solches Schema darstellen. Hier ein Beispiel, das er in Heft 24, Juni 70, der Zeitschrift „Englisch an Volkshochschulen" (München, Hueber Verlag, S. 385) brachte:

---

57 Daß „Sequentiertes" besser haftet als Ineinandergleitendes ist nach Carroll, J. B. (1966), p. 100, allerdings noch umstritten; vgl. dazu Nissen, R. (1974), S. 317, der die obige Meinung vertritt.
58 „Analogie" beruht nur auf dem Prinzip des Austauschens von identischen Elementen („transfer of identical elements" → Thorndike), während „Transposition" (nach Katona, einem Gestaltpsychologen) dann eintritt, wenn „perceived relationships" vorhanden sind.
59 Catford, J. C.: Teaching English as a Foreign Language. In: R. Quirk et al. (ed.) 1964, p. 154

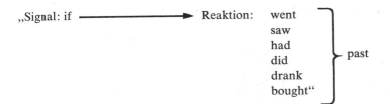

Gelegentlich kann auch eine einfache Zeichnung eine Sprachregel verdeutlichen:

Ein Schema für Präpositionen gibt J. C. Catford[59] vor (von uns leicht abgewandelt):

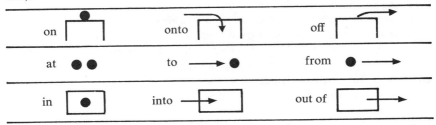

Ein solches Schema kann auch bestimmte Symbole benutzen:

NP + VP + NP
♡ + V+ing
♡̸ + V+ing

♡ = love, like, adore   ♡̸ = dislike, hate

Probleme der Zeitenfolge können ebenso mit Hilfe der Längsachse symbolisiert werden, wie dies u. a. auch von R. Close (1962) getan wurde. Hierzu ein Beispiel:

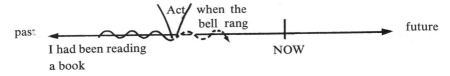

Käte Lorenzen (1971, S. 143) bringt ein Beispiel für Satzstrukturen:

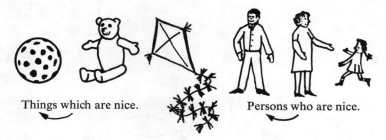

Je älter die Lernenden sind, desto abstrakter kann die Darstellungsweise der Schemata sein.
Entscheidend bleibt, daß wir durch die dem jeweiligen Sprachproblem adäquate Lernweise zur Ausbildung der Sprachkompetenz für die L_2 beitragen; denn wichtiger als alles andere bleibt die Frage, wie wir dem Lernenden auf dem langen Weg bis zur Beherrschung der L_2 möglichst häufig ein *Erfolgserlebnis* vermitteln können. Das erinnert an das, was wir zu Beginn dieses Kapitels zum Problem der Motivation gesagt haben.
Denn in keinem anderen Unterrichtsfach sind wir so ausdrücklich auf die Bereitschaft zur Mitarbeit angewiesen wie im FU.
Die beste Planung für die Operationalisierung — so nötig und wünschenswert sie ist — wird scheitern, wenn es an der Bereitschaft, d. h. wenn es an der Motivation fehlt.
Und das führt uns zur Problematik des letzten Kapitels dieses Teils, in dem wir der Frage nachgehen wollen, welche allgemeinen Prinzipien wir für die Lehrstrategie einer Englischstunde aufstellen können, nachdem wir uns bis jetzt über Lernziele, linguistische Fundierung und Lernweisen im FU einen Überblick verschafft haben.

IV. Kapitel

Unterrichtsverfahren

1. Der Lehrer

Es ist nötig, dieses Kapitel mit dem Fremdsprachenlehrer zu beginnen: Erfolg oder Mißerfolg hängen — so haben wir bereits früher angedeutet — weitgehend von seiner Persönlichkeit ab.
So haben u. a. verschiedene empirische Versuche in den USA bestätigt, daß das *personale Element* von entscheidenderer Bedeutung ist als Varianten der Lehrstrategien, denn:
Sprache ist die Artikulation einer *Beziehung* zu *Sprechern*. Dabei spielen, wie wir bereits im I. Kapitel angedeutet haben, bestimmte „Attitüden" eine erhebliche Rolle. „Attitudes" sind in der Soziolinguistik bestimmte *Verhaltensdispositionen* für die Kommunikation in einer gegebenen Situation. Diese „attitudes" sind Vorbedingungen für das kommunikative Sprechen; also müssen vom Lehrer und von der angedeuteten Sprechsituation her solche positiven Einstellungen erzeugt werden. Dann erst werden die Lernenden bereit sein:

1. etwas zu erkennen, zu erfassen (kognitive Komponente);

2. sich emotional der Situation zuzuwenden (affektive Komponente);

3. sich in Verbindung mit der suggerierten Situation sprachlich aktiv zu verhalten (aktionale Komponente).

Kann der Lehrer im FU diese *Einstellungen* hervorrufen, so werden sich diese in den von uns bereits im I. Kapitel vorgestellten *Lernzieldimensionen* realisieren, nämlich in:

1. der kognitiven Dimension (z. B. als kognitives Schema)
2. der affektiven Dimension (z. B. als Bereitschaft zum Handeln in der L_2)
3. der pragmatischen Dimension (z. B. als „abilities", „skills" und „habits").

All das muß sich im Unterrichtsgespräch, das vom Lehrer im FU mit besonderem Geschick zu lenken ist, verwirklichen.
Denn gerade das Unterrichtsgespräch ist — neben den Techniken zum Spracherwerb — ein wesentliches Element des FU. Was macht aber die Durchführung des Unterrichtsgesprächs im Englischunterricht so schwierig?
Nun, im Gegensatz zu allen anderen Fächern ist im FU

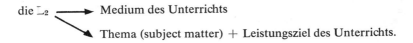

die L_2 ⟶ Medium des Unterrichts
⟶ Thema (subject matter) + Leistungsziel des Unterrichts.

Freilich bleibt dieses Unterrichtsgespräch für die gesamte Sekundarstufe I immer nur ein gelenktes Gespräch. Da die Lernenden um den Spracherwerb bemüht sind (d. h. da sie für die L_2 erst die Kompetenz erwerben müssen), orientiert sich das Gespräch immer an einem Modell.
Der Lehrer darf aber seine Überlegenheit nicht offen ausspielen, sondern muß zum *Teilnehmer* an diesem Gespräch werden. Er sollte Hilfestellung geben, wenn es darum geht, das Sprachmaterial anzubieten, um das der Lernende „kämpft", wenn er seine Intentionen ausdrücken, wenn er seine Rolle spielen möchte. (Wir kommen also wieder auf Platos „Hebammenkunst" zurück!) Der Lehrer dirigiert nicht den FU, er sollte ihn *koordinieren*. Der Schwerpunkt der Arbeit des Lehrers im FU ist die *Phase der Anwendung und Übung* durch das Unterrichtsgespräch. (Die Phase der Einführung vermag, nach einer ersten Anlaufzeit, oft das Tonband, die Schallplatte, der Schulfunk oder das Schulfernsehen zu übernehmen.)
Diese Überlegungen dürften hinreichend klarmachen, wie sehr das Unterrichtsgespräch besonderes Können und Geschick vom Fremdsprachenlehrer (im Sinne einer „Sensibilisierung" des Lehrers) verlangt.

Wir erwarten vom Lehrer:

1. gesicherte *Performanz* in der L_2;
2. volle *Kompetenz* in L_1 und L_2, Wissen auf dem Gebiet der kontrastiven Analyse;
3. die Fähigkeit, die L_2 in geeigneten, meist simulierten Situationen als Kommunikationsmittel anwendbar zu machen; d. h. die sprachlichen Elemente (Lexis, Strukturen) in das sog. Sprechhandeln umzusetzen (Sprachpragmatik). Er muß den Lernenden ermutigen, daß er „kommunizieren" will und muß ihm Intentionen suggerieren, die dieser anschließend ausdrücken möchte.

Manche Methodiker fordern deshalb, daß der Fremdsprachenlehrer beim Simulieren von Sprachsituationen die Rolle eines „Theaterregisseurs" übernehmen müsse (vgl. Weber, H.[1], S. 32). Denn Sprechhandeln im realistischen Sinn bedeutet dreierlei „Aktionen":
Nach dem englischen Sprachphilosophen J. L. Austin[2], dessen Werk u. a. weitergeführt wird von J. R. Searle[3] und D. Wunderlich[4], enthalten die meisten Sprechhandlungen drei *Komponenten:*
1. den „locutionary act" ⟶ Sprecher verweist auf Umwelt, sagt etwas aus, drückt Inhalt aus.
    Z. B. „I've got the key": Die Äußerung ist zunächst eine „proposition", die besagt, daß der Sprecher einen bestimmten Schlüssel bei sich hat.

---
[1] Weber, H.: Äußerungen als illokative Handlungen. In: Praxis des neusprachlichen Unterrichts, 1/1973, S. 22—32
[2] Austin, J. L. (1962)
[3] Searle, J. R. (1971, deutsche Übersetzung)
[4] Wunderlich, D.: Die Rolle der Pragmatik in der Linguistik. In: Der Deutschunterricht, 4/1970, S. 5—41

2. den „illocutionary act" ⟶ Im Regelfall will der Sprecher nicht nur Meaning ausdrücken, sondern er hat auch eine bestimmte kommunikative Absicht in bezug auf den Hörer.
„I've got the key": Die Äußerung kann als Beruhigung oder als Drohung für den Partner gedacht sein (enorme Bedeutung der Intonation!).
3. den „perlocutionary act" ⟶ Der Hörer faßt nicht nur Meaning auf, sondern interpretiert die Absicht, die damit verbunden ist.
„I've got the key": Der Hörer — je nach Situation — beruhigt sich oder gibt klein bei, er kann nicht weg, der andere hat den Schlüssel, die Tür bleibt zu.
So setzt sich H. Weber auch für eine Hereinnahme solcher Sprechhandlungen in den Anfangsunterricht ein:
„Es liegt auf der Hand, daß im Fremdsprachenunterricht zumindest alternativ auch Sprechanlässe geschaffen werden müssen, bei denen die von den Schülern produzierten Äußerungen diese eigentliche *illocutionary force* dialogischer Frage-Antwort-Handlungen besitzen. Wirklich „echte" Situationen, die einen nennenswerten Lerneffekt für möglichst viele Schüler abwerfen, sind zumindest in den ersten Lernjahren unter Standardbedingungen jedoch recht selten. In der alltäglichen Praxis des lehrbuchgesteuerten Elementarunterrichts werden deshalb Kommunikationshandlungen, also z. B. auch Fragehandlungen, in der Regel zu *simulieren* sein. Lehrbücher hätten dafür die geeigneten Vorlagen zu liefern (a. a. O., S. 28)."
(Die Fähigkeit zum Sprechhandeln, d. h. die Ausbildung einer kommunikativen Kompetenz in der L_2 wird seit dem Vordringen der Pragmatik immer überzeugender als das wesentliche Leitziel für den FU auf der Sekundarstufe I gefordert; vgl. dazu u. a. den Beitrag von W. Hüllen: „Pragmatik — die dritte linguistische Dimension". In: Neusser Vorträge zur Fremdsprachendidaktik. W. Hüllen (Hrsg.), Berlin, 1973, S. 84—98).
Positiv zu bewerten ist das Bemühen, den Text nicht als Vorlage für eine Abfragekette zu benutzen, sondern ihn — soweit dies mit deskriptiven Texten möglich ist — kommunikativ umzugestalten: die Schüler übernehmen die Rollen der Personen des Stückes und *simulieren* einen echten Sprechanlaß über die Informationen, die der Text enthält.
4. die Fähigkeit, sein Können auf den *restringierten Code* des Lernenden einzustellen, dabei möglichst *konkret* Sprache zu erhellen.
5. die Fähigkeit, die Situationen modifizieren zu können, um so den *Transfer* anzubahnen und gleichzeitig das gelernte Sprachmaterial möglichst häufig umzusetzen (sog. „immanente Rekurrenz"). Dabei soll der Lernende ein Gefühl für Sprachrichtigkeit erwerben, das sein Sprachhandeln immer akzeptabler werden läßt.
Schließlich soll der Lehrer den Schüler so weit bringen, daß dieser die Erfahrungen, die er macht, bereits unmittelbar durch eine „englische Brille" (= „English grids") sieht. J. C. Catford (1964) hat dies in seinem Aufsatz „The Teaching of English as a Foreign Language" so formuliert, als es ihm darum ging, darzustellen, daß unmittelbares (= automatisiertes) Sprechen noch nicht als das oberste Leitziel anzusetzen ist:

„For me, the phrase ,thinking in English' refers to something more fundamental: namely, applying the English ,grids' to experience — categorizing directly in the terms laid down by the systems of the English language. The Frenchman who says ‚I have gone to the cinema yesterday', and the Russian who says ‚My foot hurts' when he has injured his leg, may be responding automatically and immediately in English: but they are categorizing in terms of French and Russian systems respectively. That is to say, the linguistic values of the verb form *have gone*, in the one case, and the lexical item *foot,* in the other, are those set up by systems in French and Russian, even though their phonological shapes may be purely English (a. a. O., S. 158)."

Zu diesem Unterricht, der aktive Kommunikation als Ziel hat, gehört neben dem Lesen besonders für die Realschule und das Gymnasium auch das Schreiben. Der Primat bleibt aber auf dem Mündlichen.

2. Der Lernende

Wir wollen nun einen Blick auf den Lernenden werfen und uns fragen, was von ihm im Unterricht erwartet wird. Wir kommen somit zu einer Taxonomie des Sprachverhaltens für den Lernenden im Englischunterricht der Sekundarstufe I. Folgendes Schema, so hoffen wir, wird die Problematik klar aufzeigen. (Die Taxonomie gilt für einen Lernzyklus im FU.)

Taxonomie[5] des Sprachverhaltens im FU

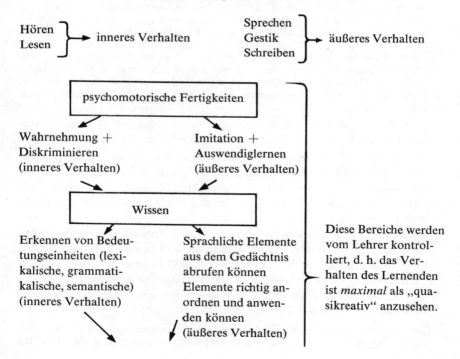

Transfer

Bekannte Elemente werden in *neuen* Situationen verstanden, die Anordnung der Elemente kann jetzt geändert sein.
(inneres Verhalten)

Elemente können so manipuliert werden, daß neue Sätze produziert werden; in *strukturierten* Situationen können *vorgegebene* Rollen übernommen werden[6], Extension and Transformation Exercises werden erfolgreich ausgeführt
(äußeres Verhalten)

Die Kriterien sind:
1 Flüssigkeit (fluency)
2 Richtigkeit (accuracy)

Kommunikation

Verstehen von „un-„graded material": Unbekanntes kann aus dem Kontext erschlossen werden
(inneres Verhalten)

Kreativ ausdrücken können, was der Lernende selbst intendiert. Er spielt die von ihm gewünschte Rolle in Übereinstimmung mit soziokulturellen Verhaltensweisen der „native speakers"
(äußeres Verhalten)

Dieser Bereich wird, soweit dies im FU der Sekundarstufe I möglich ist, vom Lernenden selbst bestimmt (self expression)
Das Kriterium ist Verständlichkeit
(= comprehensibility)

---

5 Dieses Schema wurde entwickelt nach der „Taxonomy of Subject Matter", wie sie von R. Valette und R. S. Disick (1972) entworfen wurde. Die dort als letzte Phase angegebene Kategorie „Criticism" wurde weggelassen, weil sie in der Sekundarstufe I nicht realisierbar ist.

6 Hier ist wesentlich, daß der Lernende nicht *situativ-blind* nur *eine* Situation durchspielt, sondern die *Äquivalenz* einer Situation erkennt. Der Transfer manifestiert sich darin, daß der Lernende begreift, daß ein bestimmtes Sprachelement (z. B. „you should have + Past Participle + a long time ago") in ähnlichen Situationen eingesetzt werden kann. Bei unserem Beispiel liegt die Äquivalenz der Situation darin, daß der Sprecher dem Zuhörer klarmacht, was dieser schon längst hätte tun sollen.

Die vorhergehende Taxonomie hat sich mit pragmatischen und kognitiven Lernzielbereichen befaßt. Für die *affektiven* Lernziele, die für den Lehrer weder kontrollierbar noch überprüfbar sind, ergeben sich für die Sekundarstufe I folgende Stufungen (wobei im Rahmen des üblichen Schulunterrichts die affektiven Verhaltensweisen weitgehend „internal behaviour" bleiben werden; allerdings versuchen R. M. Valette und R. S. Disick auch hier Kategorien des „external behaviour" zu postulieren, wie z. B. „Involvement", „Commitment", „Leadership", die unserer Meinung nach für den FU recht konstruiert anmuten):

Kenntnisnahme

↓

der Lernende wird gewahr, daß es neben der L_1 die Elemente und die Kultur der L_2 gibt, er nimmt Gemeinsamkeiten und Unterschiede zur Kenntnis

↓

Toleranz

↓

er toleriert die Unterschiede und die Andersartigkeiten im Sprachverhalten und in der Lebensart

↓

Wertschätzung

↓

der Lernende entwickelt gegenüber der L_2 und deren Menschen und Kultur ein positives Verhältnis; er ist bereit, die Sprache dieser Menschen so oft wie möglich zu sprechen, die Menschen dieser Sprachgemeinschaft kennenzulernen, etwas von ihrer Lebensart und Geschichte zu lernen.

3. Die Frage der Methodik

Somit unterscheidet sich also der Englischunterricht (und damit jeder FU) von allen anderen Fächern dadurch, daß *keine fest umrissene „subject-matter"* vorliegt: es werden Tätigkeiten, Fertigkeiten, Fähigkeiten und Einstellungen gefordert. Formale Kenntnisse sind nur Stützen und haben funktionalen Wert. Erwerb, Aneignung und Ausbau dieser Lernziele sind konzentrisch um *Situation + Sprachliches Modell + Kommunikation* angeordnet. Diese Lernziele werden operationalisierbar gemacht durch Unterrichtsgespräch und Übungen. Gerade weil sich Lernleistungen und Unterrichtsmedien in der L_2 realisieren lassen, weil der Unterrichtsverlauf neben planvoller Wiederholung immer wieder Vorstoß in sprachliches Neuland ist, muß jede Stunde im FU viel stärker methodisch durchdrungen sein, als dies bei anderen Fächern der Fall ist. (Für den Anfänger gilt dies bis zur exakten Formulierung der zu stellenden Fragen!) Freilich können wir — wie schon im III. Kapitel angedeutet — keine „Methodik aus einem Guß" anbieten. Die Zeit der Didaktiken des Englischunterrichts ist wohl für immer vorbei, wenn es das Ziel der Fachdidaktiken ist, alle Faktoren beim Lernvorgang so zu beschreiben, analysieren und anzuordnen, daß der Unterricht ökonomisch und effektiv wird. Wir werden mit einer solchen Vielzahl von Faktoren konfrontiert, die heute nicht mehr „unitaristisch" abgehandelt werden können.

Diese Faktoren sind:
                                       Lehrer
                                       Schüler
                                       Lernziele
                                       approach + method + techniques
                                       Lernstoff
                                       Zeit + Raum

Die Fachdidaktik wird sich weiterhin mit der Frage: „Wie wird Englisch lehrbar?" auseinandersetzen müssen. Dabei wird sie sich — wie dies in dieser Untersuchung geschehen ist — beschäftigen mit den Teilhaberwissenschaften, nämlich:

a) der curricularen Lehrplanforschung
b) der Linguistik + Soziologie
c) der Psychologie
d) der allgemeinen Lehre von Unterrichtsverfahren.

Sie wird dann — wie es im 2. Band der Untersuchung geschehen wird — Anregungen für die Gestaltung von Unterrichtssequenzen geben müssen und somit der Frage nachgehen, wie der Lernprozeß organisiert werden kann. Die Fachdidaktik muß schließlich Hinweise geben, wie die gehaltenen Unterrichtseinheiten didaktisch zu analysieren sind.
Hierbei treffen wir heute auf eine solche Fülle von Antworten, die, wie wir gesehen haben, oft sehr widersprechend sind, daß man maximal bestimmte Tat-

sachen, Prinzipien und Trends darstellen kann, die dann vom Fremdsprachenlehrer je nach Lerngruppe und Lernproblem übernommen, abgewandelt oder abgelehnt werden können.

Fest steht, daß die Zeit der einheitlichen „theories of foreign language learning" und der „methods of foreign language teaching" vorbei ist. Wenn wir das kritische Bewußtsein zur Reflexion über die Aufgaben und Probleme des FU wecken, gelangen wir zu einem möglichen *„Approach"*, zu einer axiomatischen, aber keineswegs doktrinären Grundhaltung; so geht dieses Buch von dem „Approach" aus, der FU habe beim Lernenden die Fähigkeit auszubilden, die L_2 weitgehend kreativ im Kommunikationsakt ohne Einschaltung der L_1 zu benutzen.

A. V. P. Elliott hat diese „neue Epoche" der Methodik des FU wie folgt gekennzeichnet:

„What I would hope of the new epoch would be a broader and less doctrinaire approach to the whole business of language teaching. We have, I believe, tied ourselves for too long to the twin chariot wheels of linguistics and psychology. Both are fascinating subjects and both have much to teach us. But the language teacher is a craftsman who needs to adapt other men's methods and other men's tools to his special work. He is a craftsman in his own right, and not a technician waiting on the linguist or the psychologist." (Elliott, A. V. P.: The End of an Epoch. In: English Language Teaching, No. 3, June 1972, pp. 222/223.)

Für diese „neue Epoche" der Methodik des FU müssen wir freilich voraussetzen, daß der Fremdsprachenlehrer etwas über die historische Entwicklung der „schools of methods" weiß, damit alte Fehler nicht wiederholt werden. Dieser historische Rückblick sollte folgende „schools" miteinschließen:
1. die sog. „Grammar-Translation Method" (auch „Indirect Method" genannt)
2. die sog. „Direct Method", die als neusprachliche Reformbewegung zu interpretieren ist (Vietor, P. Passy, H. Sweet, O. Jespersen, M. Duve)
3. der „Eclectic Approach" (H. E. Palmer)
4. die sog. „Vermittelnde Methode" (Schubel u. a.)
5. die „Linguistic Method" (Ch. Fries, R. Lado)
6. die „Audio-Visual Method" (u. a. Guberina und D. Girard)
7. die „Bilingual Method" (Dodson)
8. die „Conscious-Practical Method" (Belyayev)

4. Die Gliederung des Lernprozesses

Nun möchte aber der Praktiker, vor allem der Anfänger, für den *konkreten Verlauf* einer Unterrichtssequenz wenigstens einen *Leitfaden,* auch wenn dieser nur im Rahmen eines „Approach" und nicht als Rezept gegeben werden kann. Läßt sich aber die Wirklichkeit des Englischunterrichts überhaupt — ohne daß das kritische, reflektierende Bewußtsein sofort wieder verdrängt wird — in ein System fassen[7]?

---

[7] Vgl. Ballauf, Th. (1970)

Wie sagt doch Belyayev so treffend: „It is a bad teacher who expects ready-made recipes and instructions from higher authority (1963, p. 219)."
Trotz aller Skepsis gegenüber solchen „outlines", die immer die Gefahr dieser „ready-made recipes" in sich tragen, haben wir schon einiges (vgl. dazu besonders das I. Kap.) an methodischer Orientierungshilfe angeboten, weil eben der Englischunterricht aufgrund seiner Eigenart als *Fremd*sprachenunterricht stark methodisch durchdrungen sein muß.
Hier nun ein Vorschlag, wie der Lernprozeß als Unterrichtszyklus gegliedert werden kann (dabei haben wir einige Termini von W. F. Mackey [1965] übernommen):

1. Restriction
   ↓
   Was lasse ich weg? Bestimmte Lexis, ausgefallenere Strukturen? Welche Sprachelemente werden nur als lexikalische Einheiten erklärt?
   ↓

2. Selection
   ↓
   Was bringe ich?

Welche Wortfelder?	(Gliederungsprinzip: semantischer Aspekt; Gliedern gleicher Wortklassen in wechselseitiger Abgrenzung: z. B. wardrobe, cupboard, cabinet, bookcase)
Welche Bezugsfelder?	(Gliederungsprinzip: Bezug eines Wortes zu anderen Wörtern: car → motorway → petrol-station → to drive, run in, test, repair, maintain, service a car → petrol, oil etc.)
Welche Kollokationsfelder?	(Gliederungsprinzip: feste Wortketten mit übertragenem Sinn: to do 60 miles, a hot-rod, a road-hog, a back-seat driver)
Welche grammatischen Felder?	(Gliederungsprinzip: syntaktische Ketten, morphologischer Wechsel: a book → two books, I'll give it to her)
Welche semantischen Felder?	(tea-time; breakfast; motoring; holidays)

   ↓

3. Gradation
   ↓
   Was bringe ich mit was? → Welche Lexis mit welchen Strukturen?
   z. B. Personal Pronouns + Clothes
   z. B. Future Tense (will) + Fashions next year
   Was wird dann gebracht?

z. B. Present Tense Continuous → Present Tense Habitual → Present Perfect
Womit muß ich das zu lernende Sprachverhalten kontrastieren? Womit kann es verwechselt werden?

4. 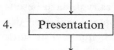 Presentation

Mit welchem Gesprächsthema leite ich die Englischstunde ein?
Phase des „warming up"[8] („Talk about the weather; the weekend; clothes, etc.), damit die Lernenden Gelegenheit haben, sich auf die L_2 umzustellen.
Welche Lexis, welche Strukturen müssen vorweg eingeführt werden?
Welche Elemente der Sprachsituation (Absicht der Sprecher, psychologische Einstellung) muß ich erklären? (Evtl. auf Deutsch, um Zeit zu sparen!)
Wird Rolle und Status der Sprecher klar?
Wie simuliere ich den Redeanlaß (Zeichnung, Bild, picture strip), welche Medien setze ich ein? Wie überprüfe ich das Verständnis?
Welche kommunikativen Bereiche gilt es herauszustellen?

5. 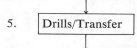 Drills/Transfer

Wieviel Theorie muß ich vermitteln, damit diese Phase am effektivsten wird?
Welche sequentiellen Teilziele setze ich?
(imitate → reproduce → manipulate)
Was kann anhand des neuen Materials wiederholt werden?
Welche Einheiten (Phonology, Lexis, Structure, Semantics) müssen besonders geübt werden?
Wie kommt es zur möglichst häufigen Umwälzung des gelernten Stoffes? (Parallele Situationen schaffen!)
Wie kann die Äquivalenz der Situation erkannt werden?
Wie bahne ich „selecting behaviour" an?
Werden die Lernschritte graduell größer und fordernder[9]?

6.  Lernzielkontrolle

Welche Tests setze ich an, um zu überprüfen, wie effektiv das Unterrichtsverfahren war und wo Lücken im Lernprozeß entstanden sind?

---

8 Vgl. dazu die psychologische Forderung bei Foppa, K. (1968), S. 190—192
9 O. Hobart Mowrer, ein Vertreter des sog. Neo-Behaviorism, schreibt dazu in seinem Buch „Learning Theory and the Symbolic Processes" (p. 57): „At a special conference at which Professor Skinner described his ideas and program for the use of teaching machines, one listener's considered appraisal of the approach was: ‚Step-wise and leap-foolish'. Certainly we want students to be able to make ‚original applications' of what they learn, to be able to ‚think for themselves', to make ‚leaps', ‚transfers', and not to be mere automata."

7. | Kommunikation |

Welche Kommunikationsbereiche können aufgrund der Situation, die bei der Presentation eingeführt wurde, besonders aktiviert werden[10]? Welche verschiedenen Sprachformen (→ Lerninhalte), einfachere und elaboriertere, können von den Lernenden in ihren verschiedenen Rollen jetzt als „creative speech" übernommen werden? Hier gilt es nochmals auf Kenneth L. Pikes „slot-and-filler-technique" (vgl. II. Kap.) einzugehen.

Pike (1967) hat die Vorstellung von „slots" auch auf die Kommunikationssituation übertragen. Die Satzelemente eines Kommunikationsvorgangs werden als „slots" verstanden, die funktional nach Äußerung und Verhalten zu beschreiben sind. Die zu erwartenden „responses" auf kommunikative „slots" sind dann als behaviorale „fillers" anzusehen. Der Bezug zwischen den kommunikativen „slots" in einer Situation und den „fillers" wird *Behaviorem* genannt. Erste Ansätze, den FU nach solchen Bezügen zu organisieren, finden sich bei Heuer (1968) und Nissen (1974).

Weitgehend nähert sich dieser Versuch wieder dem Skinnerschen Modell des „Verbal Behavior" als S-R-Raster, wenn auch im Gewande eines etwas subtileren Neo-Behaviorismus. K. Lorenzen äußert sich angesichts des starken *Manipulationscharakters* eines solchen FU, der kaum zu einem wirklichen Transfer führe, recht skeptisch (1971, S. 48).

Nissen dagegen setzt sich mit Begeisterung und sehr wortreich für das Pikesche Gliederungssystem ein (Nissen, R., 1974, S. 155 ff.); wie er sich das in der Praxis vorstellt, will er im zweiten (noch nicht veröffentlichten) Teil seiner Methodik darstellen.

Ganz gleich, wie man sich auch entscheiden mag, besteht doch im Pikeschen Modell ein Angebot, wie man Kommunikation operationalisierbar machen kann, das erprobt werden sollte. Ganz werden wir „Manipulation" überhaupt nicht vermeiden können: wir müssen immer Situation und Rollen *simulieren,* genuine Akte der Kommunikation sind im schulischen Rahmen selten. Wenn sie entstehen, dann ist aufgrund ihres spontanen Charakters sofort die Gefahr da, daß die Muttersprache sich einschalten möchte.

Manche unserer Lehrbücher sind freilich noch keine große Hilfe, wenn es darum geht, das Sprachmaterial für Kommunikationsakte aufzubereiten. Hier herrscht oftmals eine einseitige linguistische Gradation vor. Welches Lehrbuch bringt z. B. die notwendigen „Conversational responses to statements" (wie: „Yes, I think so, too", „Does he ↘?", „Does he ↗?", „How awful!" etc.)[11]?

---

[10] Vgl. dazu auch Piepho, H. E.: Zum Begriff der Situation in der Didaktik des elementaren Fremdsprachenunterrichts. In: Praxis des neusprachlichen Unterrichts, 1/1967
[11] Vgl. dazu als Anregung: Wingfield, R. J.: Conversational Responses to Statements. In: English Language Teaching, No. 1, Oct. 72, pp. 24—27

Wo werden die notwendigen

Repräsentativa	(Verben des Gestehens, Verheimlichens, u. a.)
Kommunikativa	(Verben des Sagens, des Meinens)
Konstativa	(Verben des formalen Behauptens u. a.)
Regulativa	(Verben des Bittens, des Befehlens u. a.)
Kollokationsfelder	(fixierte Wortketten, wie z. B. „Let me tell you", „Guess what happened?", etc.)

für diese Art von Unterricht bereitgestellt?

Welche Texte bieten die notwendige sprachliche *Redundanz* (= sprachliche Überfülle in struktureller, lexikalischer und semantischer Hinsicht, die über das kommunikative Minimum hinausgeht) an?

Hier klaffen zwischen der kommunikativen Forschung und den Texten in manchen englischen Lehrbüchern noch erhebliche Lücken[12].

Setzen wir schließlich die „language skills" (wobei wir für die Sprachpragmatik gesondert noch „acting" miteinschließen, d. h. freies, kreatives Abwandeln des Sprachmodells) mit den Kategorien der Sprache in Verbindung, so ergibt sich folgendes Schema für einen Unterrichtszyklus:

5. Der Unterrichtszyklus und die Organisation der Einzelstunde

LANGUAGE SKILLS:	CATEGORIES OF LANGUAGE:				
↓	Phonology	Lexis	Grammatical patterns	CONTEXT	Writing
understanding speech	→	→	→	→	
speaking	→	→	→	→	
reading	→	→	→	→	→
writing	→	→	→	→	→
acting	→	→	→		

---

12 Zur Frage der Lehrbuchbewertung vgl. u. a. Rivers, W. M. (1968), pp. 368—371

Zum Abschluß dieses Kapitels möchten wir noch der Frage nachgehen, wie die *einzelne* Unterrichtsstunde zu organisieren ist und welche Gesichtspunkte dabei zu beachten sind.
Im Blick auf die verschiedenen Theorien der Allgemeinen Unterrichtslehre scheint uns z. Z. das sog. „Berliner Modell"[13] mit seiner *Strukturanalyse* des Phänomens „Unterricht" als das geeignetste, weil es ein inhaltlich offenes System ist, das auf lerntheoretischen Überlegungen basiert, die auf jede einzelne Stunde irgendeines Unterrichtsfaches übertragbar sind. Die Stunde wird als Lehrakt gesehen, der von einer Lehrstrategie getragen wird; diese erweist sich als Zusammenhang von *Faktoren* aus zwei Bedingungsfeldern und aus *Momenten* von vier Entscheidungsfeldern.
Diese Felder ergeben die sechs Strukturmomente des Unterrichts. Achtenhagen hat diese Feldbeschreibung des Unterrichts zum ersten Mal auf die Didaktik des Fremdsprachenunterrichts übertragen[14]. Wenn auch dieser statischen Sicht des Unterrichts, wie sie im Berliner Modell vorherrscht, der Vorwurf nicht erspart bleibt (vgl. P. Funke[15]), daß statische Modelle einen so dynamischen Prozeß, wie es die Unterrichtsstunde in der Fremdsprache ist, nicht gerecht werden können, so hilft uns dieser Einwand nicht weiter: jede Planung muß zuerst einmal statisch vorgehen, wobei wir in Kauf nehmen, daß ein Schema die Einmaligkeit der Dynamik der Unterrichtsstunde nur schlecht erfassen kann.

Beginnen wir mit den *zwei Bedingungsfeldern,* die fixiert sind und für jede Stunde zutreffen:

1. *Anthropogene Voraussetzungen*

Hier sind für den FU wichtig:
Die Rolle der Muttersprache — Kompetenz in der L_1 — negativer und positiver Transfer → Wie wird sich diese Tatsache für die zu haltende Unterrichtsstunde auswirken? Wo ist negativer Transfer zu erwarten?
Wie kann er zurückgedrängt werden?
Wo kann sich die L_1 als positiver Transfer erweisen?
Weitere Faktoren sind:
Soziale Schicht, Intelligenz, Sprachbegabung.
Welche Differenzierungsformen müssen in der Stunde durchgeführt werden?
Welche Sprachformen sind wegzulassen, weil sie zu elaboriert sind und in dieser Form kaum in der L_1 zur Verfügung stehen?

---

13 Heimann, P./Otto, G. (1965)
14 Achtenhagen, F. (1969)
15 Peter Funke hat Achtenhagens Modell kritisiert und dagegen sein eigenes Modell entwickelt: Modell einer funktionalen Fremdsprachenlerntheorie. In: IRAL-Sonderband „Kongreßbericht der 2. Jahrestagung der Gesellschaft für angewandte Linguistik". Heidelberg: Groos, 1971, S. 59—66

Die oben aufgeführten Faktoren sind unveränderlich im Hinblick auf die zu haltende Stunde; wir möchten aber nicht Intelligenz und Sprachbegabung *allgemein* als „fixiert" sehen, vor allem nicht im Sinne eines Vorurteils beim Lehrer; wir sollten an den „Pygmalion"-Effekt denken, wonach Lehrer, wenn sie glauben, eine lernschwache Gruppe vor sich zu haben, auch entsprechende Leistungen konstatieren und umgekehrt. (In Wirklichkeit hatte es sich um eine undifferenzierte Lerngruppe gehandelt: nachzulesen bei Rosenthal, R., Jacobson, L.: Pygmalion in the Classroom. 1968, bes. pp. 47—121.)

2. *Sozial-kulturelle Voraussetzungen*

Auch hier geht es um fixierte Faktoren, die für die Planung der Einzelstunde vorgegeben sind und vom Lehrer berücksichtigt werden müssen.

Um welchen Schultyp handelt es sich?
Freilich gibt es kein „Hauptschul- oder Gymnasiums-Englisch"; aber es gibt verschiedene Lernweisen, Lerntempi und Restriktion bei Lerninhalten und bei den Fertigkeiten (Schreiben!).
Am wichtigsten sind hier die Faktoren des sog. sozio-kulturellen Umfelds des Schülers (Eltern, Freunde, Wohnviertel, soziale Verhältnisse), die wir durch den Unterricht zwar nicht verändern, aber für den Lernprozeß berücksichtigen können.

Bei den *vier Entscheidungsfeldern* hat der Lehrer die Freiheit, seine eigene Lehrstrategie für die zu haltende Stunde zu entwickeln:

1. Intentionalität

Hier wählt der Lehrer für die Stunde aus dem Grobzielbereich (→ kommunikativer Bereich eines bestimmten Sprachverhaltens) ein oder mehrere Feinziele aus.
Welche „habits" müssen geübt werden?
Welche „skills" sollen entwickelt werden? (→ Üben mit Bewußtsein auf Sprachform!)
Welche „abilities" können in verschiedenen Situationen geschult werden? (→ Automatisierung der Form, Bewußtsein auf Inhalt gelenkt)
Wieviel theoretische Information will ich der Lerngruppe geben oder von ihr erarbeiten lassen?
Welche Dimension (kognitive, pragmatische oder emotionale) soll in dieser Stunde bzw. in einzelnen Lernsequenzen angesprochen werden?
Welche Qualitätsstufe soll erreicht werden?
(Anbahnung → Entfaltung → Gestaltung)
Für den FU stellt wohl die Qualitätsstufe der „Entfaltung" (→ Kenntnisse, Fähigkeiten, Internalisierung von Regeln) diejenige Stufe dar, die im Regelfall erreichbar ist.
Zur Stufe der „Gestaltung" (→ zielt auf Wertung ab, soll Haltungen erwecken) können wir meist nur bei bestimmten landeskundlichen Themen vordringen.

2. Thematik

Welche Lerninhalte wähle ich aus, damit die Feinziele verwirklicht werden?
Wie differenziere ich das Sprachmaterial nach Fundamentum und Additum?
Welche Teilgebiete der Sprache sollen in der Stunde besonders akzentuiert werden: Phonetik — Wortschatz — Semantik — Strukturen?
Liegt der Schwerpunkt auf *Sprachbegegnung* (Darbietungsphase) *oder* auf *Sprachgestaltung* (Übungsphase)?
Welche *sprachlichen Fertigkeiten* (Richtzielbereiche) werde ich den einzelnen Teilgebieten zuordnen?
Steht in dieser Stunde *„value teaching"* (→ kommunikative Kompetenz für die L_2) oder *„signification teaching"* (→ Schritte zum Ausbau einer linguistischen Kompetenz für die L_2) im Vordergrund? Welche Redemittel, welche Strukturen brauchen nur rezeptiv, welche müssen produktiv erworben werden?

3. Methodik

Wie kann ich die *Sprachsituation* im Klaßzimmer *simulieren?* Welche Erklärungen sind dazu nötig?
Wie wird der *Text dargeboten?* (Einsatz von Medien! Siehe 4. Entscheidungsfeld!)
Durch welche Übungen gelange ich zur Kommunikation?
Welche Lernweisen (vgl. II. Kap.) und welche Übungsformen werde ich dazu auswählen:
Imitationsübungen, Diskriminationsübungen, Pattern Drill, Erweiterungsübungen, Substitutionstafeln[16], Transformationsübungen, Einsetzübungen (trial-and-error learning) und Übungen mit sprachlichen Feldern bieten sich hier an.
Welche *Techniken*[17] werden in speziellen Unterrichtsphasen benützt? Z. B. *Situationstechnik* (Wie wird Sprachhandeln in Realsituationen verwirklicht?) → *Dialogtechnik* (Wie übe ich Performanz, wie können Dialogteile umgewandelt werden?) → *Transfertechnik* (Wie komme ich zum quasi-freien Sprechen mit bekannter Lexis und vertrauten Strukturen, welche neuen Situationen brauche ich dazu?)
Welche *Lernzielkontrollen* werden für die einzelnen „skills" vorgesehen? Welche *Sozialformen* des Unterrichts sind sinnvoll: Frontalunterricht für Darbietungsphase, Kreisform für Lernspiele und „Question-and-Answer-Exercises", Teilgruppenunterricht für bestimmte schriftliche Übungen, Partnerarbeit für Vorbereitung des Dialogs.

Welche *Aktionsformen* sind geplant?

direkte Form → Lehrer bietet neues Material dar; Lehrer lenkt Unterrichtsgespräch;

---

16 Vgl. dazu French, F. G. (1960)
17 Vgl. dazu die Vorschläge bei Tiggemann, W. (1968) und Köhring, K. H./Morris, J. T. (2 Bände, 1971 u. 1972) und Billows, F. L. (1962²)

indirekte Form → Situationen werden gespielt, Schüler fragen Schüler, Arbeit mit schriftlichem Material, Lernspiele, Schulfernsehen und Schulfunk, Tonband, Sprachlabor[18], Schallplatte, Film.

Wie muß die *Verlaufsplanung* konkretisiert werden?
geplantes Lehrerverhalten → erwartetes Schülerverhalten → didaktischer Kommentar.

4. Medienwahl

Entscheidungen über den Einsatz von Schulfernsehen, Schulfunk, Tonband, Sprachlabor und visuellen Hilfsmitteln (z. B. Hafttafel) sind hier zu fällen. Wann wird das Lehrbuch, wann das workbook (→ Arbeit für differenzierte Leistungsgruppen!) benützt? Wie wird die Tafel eingesetzt? Kann eine Tafelzeichnung bei der Semantisierung helfen? Wie kann die Tafelanschrift zum Behalten, Ordnen und Strukturieren des Lernstoffes verwendet werden?

Bei so vielen Vorüberlegungen und Planungsmöglichkeiten darf aber nicht übersehen werden, daß Abweichungen von der Stundenplanung im FU der Sekundarstufe I immer dann erlaubt sind, wenn sich unvorhergesehene Schwierigkeiten auf dem Gebiet der Phonetik, des Wortschatzes oder der Struktur ergeben. Jede sorgfältige Planung ist nur eine Hilfe zur Durchführung des Unterrichtsverfahrens, nicht Gängelband. Auch wenn wir es nicht erwähnt haben und es nicht im voraus einplanen können — es darf auch gelacht werden, schließlich ist ein „sense of humour" ein wesentlicher Bestandteil des englischen und amerikanischen way of life.

Daß das Musische[19] als konstitutives Element der Sprache nicht übersehen werden darf, liegt auf der Hand. Reim und Lied im Anfangsunterricht können durchaus den Stundenablauf auflockern und die Kinder aufs neue motivieren.

Am Ende jeder Stunde wird sich der Lehrer wenigstens kurz Zeit nehmen für eine kritische Nachbesinnung. Ein unangemessenes Thema oder ein zu hoch gestecktes Stundenziel werden wohl in vielen Fällen die Ursachen einer nicht geglückten Stunde gewesen sein.

H. Heuer hat in seinem Buch „Die Englischstunde" (1968) ausführlich (S. 50 bis 52) die Beurteilungskriterien für eine solche Nachbesinnung dargestellt.

Gerade der junge Lehrer tut gut daran, in dieser Nachbesinnung sich zu überlegen, warum bestimmte Teile seines Plans sich im Unterricht nicht realisieren ließen. Für ihn besonders gilt in Abwandlung jener berühmte Satz von Winston Churchill, der, als er gebeten wurde zu definieren, was für Qualifikationen nötig seien, um Politiker zu werden, geantwortet hat: „It is the ability to foretell what is going to happen tomorrow, next week, next month, and next year. And to have the ability afterwards to explain why it didn't happen[20]."

---

18 Vgl. dazu als knappe Einführung: Probleme und Möglichkeiten des Sprachlabors. (Roeske, E., ed.), Sonderheft der Praxis des neusprachlichen Unterrichts, 1972
19 Vgl. dazu Freund-Heitmüller, K. (1968)
20 Zitiert nach „Punch", February 20th, 1974, p. 277

Literaturverzeichnis

Abercrombie, D.: Problems and Principles in Language Study. London: Longmans 1963[3]

Achtenhagen, F.: Didaktik des fremdsprachlichen Unterrichts, Grundlagen und Probleme einer Fachdidaktik. Weinheim : Beltz 1969

Alexander, L. G.: Operations and Strategies. In: Zielsprache Englisch, Heft 4, 1973, S. 5

Allen, H. B. (ed.): Readings in Applied Linguistics. New York: Mc Graw-Hill Book Company 1964

Allen, H. B. (ed.): Teaching English as a Second Language. New York/London: Mc Graw-Hill Book Company 1965

Angiolillo, P.: French for the Feeble-Minded. In: Modern Language Journal, vol. 26, Ann Arbor, Mich.

Arndt, H.: Linguistische und lerntheoretische Grundaspekte des Grammatikunterrichts im Englischen. In: Der fremdsprachliche Unterricht, Mai 1968, Heft 6

Arnold, R. und Hansen, K.: Phonetik der englischen Sprache. München: Hueber 1967

Austin, J. L.: How to do things with words. London: Oxford University Press 1962

Baldinger, K.: Traditionelle Sprachwissenschaft und historische Phonologie. In: Zeitschrift für romanische Philologie, Bd. 79, 1963

Ballauf, Th.: Skeptische Didaktik. Heidelberg: Quelle und Meyer 1970

Barber, Ch.: Linguistic Change in Present-Day English. Edinburgh, London: Oliver & Boyd 1964

Baumann, F.: Gedächtnisforschung und Sprachunterricht. In: Zeitschrift für französischen und englischen Unterricht, Bd. 9, 1910, SS. 127—146

Bebermeier, H.: Schulfunk im Englischunterricht. Berlin: Cornelsen 1966

Bechert, J. et al: Einführung in die generative Transformationsgrammatik. München: Hueber 1971

Belyayev, B. V.: The Psychology of Teaching Foreign Languages. London: Pergamon Press 1963 (übersetzt aus dem Russ.)

Belyayev, B. V.: Über die grundlegende Methode und die Methodiken für den Fremdsprachenunterricht. In: Programmiertes Lernen, Programmierter Unterricht, 1967, SS. 118—126

Billows, F. L.: The Techniques of Language Teaching. London: Longmans 1962[2]

Bloomfield, L.: Language. New York: Henry Holt Company 1933

Bloomfield, L.: Outline Guide for the Practical Study of Foreign Languages. Baltimore: Linguistic Society of America 1942

Bolinger, D. L.: The Foreign Language Teacher and Linguistics. In: Foreign Language Teaching (Joseph Michel, ed.) New York: The Macmillan Company 1967

Bradley, H.: The Making of English. (revised by S. Potter) London: Macmillan 1968

Braine, M. D. S.: On Learning the Grammatical Order of Words. In: Psychological Review 70, 1963

Brooks, N.: Language and Language Learning. New York: Hartcourt, Brace and World 1960

Bruner, J. S.: On Cognitive Growth I & II. In: Studies in Cognitive Growth — A collaboration at the center for Cognitive Studies (Bruner, J. S. et al.) New York: 1966, p. 18—19

Brunot, F.: La Pensée et la language. Paris 1926

Butzkam, W.: Aufgeklärte Einsprachigkeit. Heidelberg: Quelle und Meyer, 1974

Byrne, D. (ed.): English Teaching Extracts. London: Longman 1972
Candlin, Chr.: Vortrag bei der 4th conference of the IATEFL. London, January 1971
Carroll, J. B.: The Use of the Modern Language Aptitude Test in Secondary Schools. In: Yearbook National Council Measurement in Education, 16, 1959
Carroll, J. B. und Sapon, St. M.: Modern Language Aptitude Test, Form A. New York: The Psychological Corporation, 1958/59
Carroll, J. B.: The Study of Language. Cambridge (Mass.): Harvard University Press 1963
Carroll, J. B.: The Contributions of Psychological Theory and Educational Research to the Teaching of Foreign Languages. In: Valdman, A. (ed.) 1966, 93—106
Carstensens, B.: Englische Wortschatzarbeit unter dem Gesichtspunkt der Kollokation. In. Neusprachliche Mitteilungen, 1970, 193—202
Catford, J. C.: Teaching English as a Foreign Language. In: R. Quirk et al. (ed.), 1964, p. 154
Cattell, N. R.: The Design of English. Melbourne: Heinemann 1966
Chomsky, N.: Aspects of the Theory of Syntax. Cambridge (Mass.): The M. I. T. Press 1965
Chomsky, N.: A Review ob B. F. Skinner's Verbal Behavior (reprinted). In: Fodor, J. A./Katz, J. J. (ed.) 1964
Chomsky, N.: Syntactic Structures. The Hague: Mouton & Co 1957
Chomsky, N.: Linguistic Theory, zitiert in Girard, D., 1972, S. 169
Close, R. A.: English as a Foreign Language. London: G. Allen & Unwin 1971[5]
Cofer, C. N. (ed.): Verbal Learning and Verbal Behavior. New York: Mc Graw-Hill Company 1961
Corder, S. Pit: English Language Teaching and Television. London: Longmans 1960
Cuyer, A.: The Saint Cloud Method: What it Can and Cannot Achieve. In: English Language Teaching, No 1, Oct. '72, p. 21
Dash, F. L.: Fifty Years of Progress in Modern Language Teaching. In: Libbish, B. (ed.), 1964
Deese, F.: From the isolated verbal unit to connected discourse. In: Cofer, C. N. (ed.) 1961
Dodson, C. J.: Language Teaching and the Bilingual Method. London: Pitman 1967
Dunkel, H. B.: Second-Language Learning. Boston: Ginn & Co 1948
Davies, A. (ed.): Language Testing Symposium. London: Oxford University Press 1970[2]
Elliott, A. V. P.: The End of an Epoch. In: English Language Teaching, vol. XXVI, No 3, June 72, 216—224
Firth, J. R.: The Tongues of Men and Speech. (reprint.) London: Oxford University Press, 1964, pp 110
Firth, J. R.: Papers in Linguistics. London: Oxford University Press reprint 1964
Fodor, J. A. and Katz, J. J.: The Structure of Language. New Jersey: Eaglewood Cliffs 1964
Foppa, K.: Lernen, Gedächtnis, Verhalten. Köln: Kiepenheuer & Witsch 1968
Francis, W. N.: Revolution in Grammar. In: Allen, H. B. (ed.) 1964
French, F. G.: English in Tables. London: Oxford University Press 1960
Freudenstein, R. (ed.): Focus '80. Berlin: Cornelsen und Oxford University Press 1972
Freund-Heitmüller, K.: Reim und Lied im Englischunterricht. Hannover: Schroedel 1968
Fries, Ch.: Linguistics and Reading. New York: 1962

Fries, Ch.: Teaching and Learning English as a Foreign Language. Ann Arbor: The University of Press 1945
Funke, P.: Modell einer funktionalen Fremdsprachenlerntheorie. In: IRAL-Sonderband „Kongreßbericht der 2. Jahrestagung der Gesellschaft für angewandte Linguistik". Heidelberg: Gross 1971, 59—66
Gauntlett, J. O.: Teaching English as a Foreign Language. London: Macmillan 1963, 32—33
Germer, E.: Die Aussprache im Englischunterricht. Hannover: Schroedel 1970
Girard, D.: Linguistics and Foreign Language Teaching. London: Longman 1972
Gleason, H. A.: An Introduction to Descriptive Linguistics. Revised Edition. New York/London: Holt, Rinehart and Winston 1967, p. 180
Gompf, G.: Englisch in der Grundschule. Weinheim: Beltz 1971
de Grève/ van Passel: Linguistik und Fremdsprachenunterricht. München: Hueber 1971
Guberina, P.: The Audio-Visual Global and Structural Method. In: Libbish, B. (ed.) 1964
Gutknecht Chr./Kerner P.: Systematische Strukturmodelle des Englischen. Hamburg: Buske 1962
Gutschow, H.: Englisch an Volksschulen. (In späteren Auflagen: an Hauptschulen) Berlin: Cornelsen 1965[3]
Gutschow, H.: Der Beitrag des britischen Kontextualismus zur Theorie und Praxis des Fremdsprachenunterrichts. In: Der fremdsprachliche Unterricht, 1968, Heft 2, 23—39
Gutschow, H.: Der Einfluß linguistischer Theorien und technischer Entwicklungen auf die Gestaltung des Fremdsprachenunterrichts. In: Neusprachliche Mitteilungen L, 1970, 92—102
Halliday, M. A. K. et al.: The Linguistic Sciences and Language Teaching. London: Longmans 1964
Heimann, P. et. al.: Unterricht — Analyse und Planung. Hannover: Schroedel 1965
Helbig, G.: Geschichte der neueren Sprachwissenschaft. München: Hueber 1971
Heuer, H.: Die Englischstunde. Wuppertal/Ratingen: A. Henn 1968
Heuer, H.: Brennpunkte im Englischunterricht. Wuppertal: A. Henn 1970
Hill, L. A.: First Reading Book. London: Oxford University Press 1969
Hockett, Ch.: A Course in Modern Linguistics. New York: The Macmillan Company 1964[7]
Hockett, Ch.: Objectives and Processes of Language Teaching. In: Byrne, D. (ed.) 1972
Hocking, E.: Language Laboratory and Language Learning. Monograph 2. Department of Audio-Visual Instruction of National Education Association, USA 1964
Hornby, A. S.: The Situational Approach in Language Teaching. In: Allen H. B. (ed.) 1965
Hüllen, W.: Linguistik und Englischunterricht. Heidelberg: Quelle & Meyer 1971
Hüllen, W.: Pragmatik — die dritte linguistische Dimension. In: Neusser Vorträge zur Fremdsprachendidaktik. Berlin: Cornelsen-Velhagen & Klasing 1973
Jakobson, R./Halle, M.: Fundamentals of Language. The Hague: Mouton & Co 1956
Jarvis, R. A.: A Pedagogical Grammar of the Modal Auxiliaries. In: English Language Teaching, vol XXVI, No 3, June 72
Jeffress, L. (ed.): Cerebral Mechanism in Behavior — the Hixon Symposium. New York: J. Wiley & Sons 1951
Jespersen, O.: How to Teach a Foreign Language. Kopenhagen: 1904, engl. Übersetzung: London: G. Allen & Unwin 1967

Johnson, N. F.: Linguistic Models and Functional Units of Language Behavior. In: Rosenberg, Sh. (ed.) 1965
Kainz, F.: Psychologie der Sprache. Stuttgart: Enke 1960²
Kar, R.: So lernt man Sprachen. Meisenheim am Glan: Anton Hain KG 1959
Katona, G.: Organizing and Memorizing. New York: Columbia University Press 1940
Kaufmann, F.: Die Wirksamkeit audio-visueller und konventioneller Fremdsprachenmethoden. In: Das Sprachlabor, Heft 4, Dez. '69, S. 97 ff., Frankfurt 1969
Köhring, K. H./Morris, J. T.: Instant English I & II. Lehrmodelle für den englischen Sprachunterricht. Heidelberg: Quelle & Meyer 1971; 1972
Kufner, H. L.: Kontrastive Phonologie, Deutsch — Englisch. Stuttgart: Klett 1971
Lado, R.: Language Testing. London: Longmans 1962, 52—55
Lado, R.: Language Teaching. New York: McGraw-Hill Book Company 1964. Dt. Übersetzung bei Hueber, München
Lamprecht, A.: Grammatik der englischen Sprache. Berlin: Cornelsen 1972²
Langer, S. K.: Language. In: Michel, J. (ed.) 1967, 3—40
Lashley, K.: The Problem of Serial Behavior. In: Jeffress, L. (ed.) 1951
Lechler, H. J.: Lust und Unlust im Englischunterricht. Stuttgart: Klett 1972
Lee, W. R.: External and Internal Motivation in the Foreign Language Lesson. In: Freudenstein, R. (ed.) 1972
Lee, W. R.: Language, Experience, and the Language Learner. In: English Language Teaching, vol. XXVII, No 3, June 73, 234—245
Leisinger, F.: Zur Wortverschließung im Fremdsprachenunterricht. In: Praxis des neusprachlichen Unterrichts 3/1968
Libbish, F. L. (ed.): Advances in the Teaching of Modern Languages, vol. I. Oxford: Pergamon Press 1964
Lieberson, S.: Explorations in Sociolinguistics. Bloomington: Indiana University/ The Hague: Mouton 1967
Lorenzen, K.: Englischunterricht. Bad Heilbrunn: J. Klinkhardt 1972
Mackey, W. F.: Language Teaching Analysis. London: Longmans 1965
Mackey, W. F.: Applied Linguistics: its meaning and use. In: English Language Teaching, 20, 1966
Martinet, A.: Economie des Mangements phonétiques. Bern 1955
Michel, J. (ed.): Foreign Language Teaching. New York: Macmillan Company 1967
Mihm, E.: Die Krise der neusprachlichen Didaktik. Frankfurt/Main: Hirschgraben 1972
Miller/Galanter/Pribram: Plans and the structure of behavior. New York: Holt, Rinehart & Winston 1960
Miller, G. A.: Language and Communication. New York: McGraw-Hill Book Company 1963
Miller, G. A.: Some psychological studies of grammar. In: American Psychologist 1962
Mindt, D.: Strukturelle Grammatik, generative Transformationsgrammatik und englische Schulgrammatik. Frankfurt/M.: M. Diesterweg 1971
Mooijman, J. P.: Advances in the Teaching of a Second Language in Holland. In: Libbish, B. (ed.) 1964 54—65
Moulton, W. C.: The Sounds of English and German. Chicago: University of Chicago Press 1962
Mowrer, O. H.: Learning Theory and the Symbolic Processes. New York: J. Wiley & Sons 1966
Müller, K.: Telekolleg für Erzieher: Psychologie I und II. München: TR-Verlagsunion 1973

Mues, W.: Strukturanalyse und ihre Bedeutung für den modernen Englischunterricht. Frankfurt/M.: M. Diesterweg 1962

Nickel, G.: Der moderne Strukturalismus und seine Weiterführung bis zur generativen Transformationsgrammatik. In: Neusprachliche Mitteilungen I, 1968, 5—15

Nissen, R.: Kritische Methodik des Englischunterrichts. Erster Teil: Grundlegung. Heidelberg: Quelle & Meyer 1974

Oerter, R.: Moderne Entwicklungspsychologie. Donauwörth: Auer 1969, S. 484

Palmer, H. E.: The Oral Method of Teaching Languages. Cambridge: Heffner 1921, 41—42

Palmer, H. E.: The Principles of Language Study. 1921, London Oxford University Press reprint: 1964

Palmer, H. E.: A Grammar of English Words. London: Longmans 1938 (reprint. 1955)

Palmer, H. E./Palmer, D.: English Through Actions. London: Longmans 1962² (Originalausgabe: Tokio 1925)

Parkinson, F. C.: Transformational Grammar and the Practical Teacher. In: English Language Teaching, vol. XXVII, No 1, Oct. 72

Parreren, C. van: Die Systemtheorie und der Fremdsprachenunterricht. In: Praxis des neusprachlichen Unterrichts 3/1964

Parreren, C. van: Lernprozeß und Lernerfolg. Braunschweig: G. Westermann 1966

Parreren, C. van: Reine Lernpsychologie und Fremdsprachen-Lernpsychologie. In: Freudenstein, R. (ed.) 1972

Passy, P.: De la méthod directe dans l'eneignement vivantes. Paris 1899

Penfield W./Roberts, L.: Speech and Brain-Mechanism. Princeton, N. J.: Princeton University Press 1959

Piepho, H. E.: Sprachtheoretische und pragmatische Grundlagen der didaktischen Differenzierung im Englischunterricht an Gesamtschulen und Orientierungsstufen. In: Schriftenreihe, Heft 2, Nov. 72 des Päd. Instituts der Landeshauptstadt Düsseldorf.

Piepho, H. E.: Zum Begriff der Situation in der Didaktik des elementaren Fremdsprachenunterrichts. In: Praxis des neusprachlichen Unterrichts, 1/1967

Pike, K. L.: Language in Relation to a Unified Theory of Structure of Human Behavior. Glendale, Cal.: Summer Institute of Linguistics 1954, pp 8; und Den Haag 1967

Pike, K. L.: Nucleation (1960). Reprint. In: Allen, H. B. (ed.) 1965, 67—73

Pimsleur, P.: Language Aptitude Testing. In: Davies, A. (ed.) 1970²

Politzer, R. L.: The Role and Place of the Explanation in Pattern Drill. IRAL (International Review of Applied Linguistics in Language Teaching) 1968, 315—331

Postman, L./Rosenzweig, M.: Practice and transfer in the visual and auditory recognition of verbal stimuli. In: American Journal of Psychology 69/1956 209—226

Quirk, R. et al.: The Teaching of English. London: Oxford University Press 1964, p. 154

Quirk, R. et al.: A Grammar of Contemporary English. London: Longman 1972

Quirk, R. et al: A University Grammar of English (gekürzte Ausgabe der Grammar of Contemporary English) London: Longman 1973

Rivers, W. M.: Teaching Foreign Language Skills. Chicago: The University of Chicago Press 1968

Rivers, W. M.: The Psychologist and the Foreign Language Teacher. Chicago/London: The University of Chicago Press 1964

Roberts, R.: Aims and Objectives in Language Teaching. In: English Language Teaching vol. XXVI, No 3, June 72

Roeske, E. (ed.): Probleme und Möglichkeiten des Sprachlabors. Sonderheft der Praxis des neusprachlichen Unterrichts. Dortmund: Lambert-Lensing 1972

Rosenberg, Sh. (ed.): Directions in Psycholinguistics. New York: The Macmillan Company 1965

Rosenthal, R./Jakobson, L.: Pygmalion in the Classroom. New York: Holt, Rinehart & Winston 1968

Salistra, W.: Methodik des neusprachlichen Unterrichts. Ost-Berlin 1962

Saporta, S. (et al.): Grammatical Models and Language Learning. In: Rosenberg, Sh. (ed.) 1965

Saporta, S.: Applied Linguistics and Generative Grammar. In: Valdman, A. (ed.) 1966

de Saussure, F.: Course in General Linguistics. Chicago/London: Philosophical Library 1959

Schneider, B.: Kritische Anmerkungen zu den audio-lingualen Übungstypen im fremdsprachlichen Unterricht. In: Praxis des neusprachlichen Unterrichts 18/1971

Searle, J. R.: Sprechakte — ein sprachphilosophischer Essay. Frankfurt: Suhrkamp 1971 (dt. Übersetzung)

Skinner, B. F.: Verbal Behavior. New York: Appelton — Century — Crofts, Inc. 1957

Smith, D.: A Comparison of the Cognitive and Audiolingual Approaches to Foreign Language Instruction. Pennsylvania: The center for Curriculum Development, Inc. 1970

Strang, B.: Modern English Structure. London: Edward Arnold 1970[2]

Stern, H. H.: (ed.): Foreign Languages in Primary Education. Hamburg: Unesco Institute for Education 1963

Sweet, H.: The Practical Study of Language. 1899. London; Oxford University Press reprint: 1964

Thomas, O.: Transformationelle Grammatik und Englischunterricht. (dt. Übersetzung) München: Hueber 1968

Tiggemann, W.: Unterweisungstechniken im mündlichen Englischunterricht. Hannover/Dortmund: Schroedel, Lambert Lensing 1968

Titone, R.: Studies in the Psychology of Second Language Learning. Zürich: Pas 1964

Ulmann, St.: The Principles of Semantics. Oxford: Basil Blackwell 1957

Valdman, A. (ed.): Trends in Language Teaching. New York: McGraw-Hill Book Company 1966

Valette, R./Disick, R. S.: Modern Language Performance Objectives and Individualization. New York: Harcourt Brace Jovanovich, Inc. 1972

Vietor, W.: Der Sprachunterricht muß umkehren. Heilbronn 1882

Vietor, W.: Die Methodik des neusprachlichen Unterrichts — ein geschichtlicher Überblick in vier Vorträgen. Leipzig 1902

Waterman, J. T.: Perspectives in Linguistics. Chicago/London: The University of Chicago Press 1963

Weber, H.: Äußerungen als illokative Handlungen. In: Praxis des neusprachlichen Unterrichts 1/1973, 22—32

Wertheimer, M.: Productive Thinking. New York: 1945, p. 112

West, M.: Learning English as Behaviour. 1960. Reprint. in: Allen, H. B. (ed.) 1965, 160—170

Whorf, B. L.: Language, Thought and Reality. New York: Wiley 1956, p. VII

Widdowson, H. G.: The Teaching of English as Communication. In: English Language Teaching, No 1, October 72

Wieczerkowsky, W.: Erwerb einer zweiten Sprache. In: Freudenstein, R. (ed.) 1972

Wingfield, R. J.: Conversational Responses to Statements. In: English Language Teaching, No 1, Oct. 72 24—27

Wittwer, J.: Conditions génetiques de l'apprentissage d'une seconde langue. In: Le Francais dans Le Monde, 20 1963, S. 15b—16a

Wunderlich, D.: Die Rolle der Pragmatik in der Linguistik. In: Der Deutschunterricht 4/1970, 5—41

Zandvoort, R. W.: A Handbook of English Grammar, London: Longmans 1957

Zimmermann, G.: Integrierungsphase und Transfer im neusprachlichen Unterricht. In: Praxis des neusprachlichen Unterrichts, 3/1969, 249—254

Zimmermann, G.: Zum Problem der Validierung von Kriterien für die Beurteilung von Englischlehrwerken. In: Englisch an Volkshochschulen 24/1970, S. 383 ff.

Zimmermann, G.: Grammatische Bewußtmachung im Fremdsprachenunterricht. In: Zielsprache Englisch Heft 0/1971

Zipf, G. K.: Human Behavior and the Principle of Least Effort: an introduction to human ecology. Cambridge (Mass.) 1949

Stichwortverzeichnis

abilities 11, 74, 92, 99, 110, 117, 130
accuracy 92, 121
Analyse, kontrastiv 35, 36, 79, 118
approach, audio-visual 68, 112
  bilingual 86
  clinical 77
  global 45, 55, 68, 83, 112
  oral 32
appropriacy 40, 92
attitudes 10, 117

Begabung 9, 44, 72, 73, 74, 77, 129
behaviour, autoclitic 98, 108
  decoding 90, 91, 92
  echoic 97
  encoding 90, 91, 92
  intraverbal 98
  pattern 36
  rule-governed 37, 39, 46

  selecting 126
  textual 97
  verbal 39, 45, 55, 59, 62, 63, 87, 95, 97, 99, 107, 108, 127
Behaviorem 127
Behaviorismus 65, 66, 67, 68, 72, 87, 95, 99
Berliner Modell 129
Binnendifferenzierung 12, 23, 72

Code, restringiert 93, 119
comprehensibility 121
comprehension tests 102

Drill 126
  minimal pair 34, 75, 80, 88
  triple pair 75
  pattern practice 16, 41, 44, 51, 53, 55, 64, 66, 75, 79, 108, 110, 131

Erfolgserlebnis 25, 54, 102, 116

Felder
  Bezugsfelder 69, 75, 125
  grammatische Felder 125
  Kollokationsfelder 125, 128
  semantische Felder 125
  Wortfelder 62, 69, 75, 125
fluency 121

Gradation 125, 127
grading, behavioral 63
  linguistic 63, 75, 88, 94, 127

Grammatik
  distributional 50, 57
  linguistische 46
  pädagogische 31, 46, 47, 64, 66
  Signal- 64, 65, 114
  Situations- 107
  structural 46, 47, 48, 49, 50, 56, 57
  traditional 46, 48, 49
  Transformations- 34, 41, 42, 43, 46, 47, 48, 49, 52, 55, 57, 58, 59, 87
Gruppenarbeit 75, 102, 131

habits 44, 56, 64, 88, 105, 106, 110, 117, 130
immediales Hören 83
immediales Sprechen 83, 85
Interferenz 32, 80, 81, 84

kernel sentences 57, 58, 59
Kollakationen 40, 62, 78, 94
Kommunikation 13, 15, 21, 34, 82, 86, 92, 108, 121
  -akt 124, 127
  -modell 10, 89, 94
  -mittel 87, 92, 93, 118
kommunikativ 16, 22, 119
  Aspekt 13, 18, 20, 101
  Bereich 10, 11, 92, 126
  Kompetenz 15, 16, 60, 117, 131
Kommunikativa 128
Konstituenten 50, 53, 54
  -analyse 50, 52, 53, 55
Konstativa 128
Kontextualismus 17, 46, 47, 59, 60, 61, 62, 63, 98, 99, 107
Konvergenz/Divergenz 81, 82

L_1 28, 35, 36, 40, 78, 79, 85, 86, 94, 108, 118, 122, 124
L_2 28, 35, 36, 40, 77, 78, 79, 85, 86, 89, 106, 108, 117, 118, 122, 124, 131
Lernen, assoziativ 104
  imitativ 36, 44, 68, 76, 107, 108
  konzeptuell 104, 106, 107
  situativ 15, 60
  stimulus-response 40, 41, 56, 76, 83, 90, 95, 97, 98, 99, 104, 105, 107, 108
Lerninhalt 9, 10, 11, 17, 20, 21, 22, 34, 75, 102, 127, 130, 131
Lernlimit 73, 103
Lernplateau 24, 73, 103

Lernschritte 72, 126
Lernsequenz 114
Lerntempo 73
Lernziel 9, 11, 12, 14, 15, 16, 18, 23, 34, 45, 89, 101, 103, 116, 117, 122, 123
Lernzielkontrolle 20, 21, 126, 131
Linguistik 26, 28, 29, 30, 31, 33, 34, 36, 37, 39, 50, 55

mands 97, 99
material, ungraded 103, 121
Motivation 9, 13, 19, 25, 45, 73, 74, 75, 79, 84, 86, 87, 100, 101, 102, 103, 104, 116

Operationalisierung 15, 20, 21, 22, 23, 24, 116
overlearning 55, 66, 75, 108

Partnerarbeit 69, 75, 102, 131
Presentation 126, 127
Psychologie
  Assoziations- 27, 67
  Entwicklungs- 67, 69, 70, 74, 76, 77
  Lern- 11, 56, 64, 66, 67, 68, 72, 75, 100, 104, 105, 112
  Sprach- 87, 88, 89
Psycholinguistik 15, 40, 66, 67, 90

Redundanz 128
Register 14, 15, 16, 33, 61, 62
Regulativa 128
Rekurrenz, immanente 119
Repräsentativa 128
restriction 125
Rolle 13, 14, 15, 16, 18, 35, 92, 96, 119, 121, 127
Rollenspiel 12, 69, 70

schools of methods 124
selection 125
signification 22
simplified readers 103
Situation 12, 13, 15, 16, 24, 39, 61, 92, 117, 121
  context of situation 21, 35, 59, 60, 61, 63, 91, 93, 97, 99, 113
skills 11, 13, 23, 24, 99, 110, 112, 117, 128, 130, 131
  produktiv 9, 12, 13, 14, 18, 24, 42, 103, 131
  rezeptiv 9, 12, 13, 14, 102, 131
slot-and-filler 50, 51, 127
soziokulturell 20, 121, 130
Soziolinguistik 15, 17, 60, 117

speech act
  locutionary 118
  illocutionary 119
  perlocutionary 119
speech episode 92, 97
speech event 21, 92
Sprachhandeln 70, 71, 75, 100, 101, 102, 107, 118, 119, 131
Sprachkompetenz 30, 44, 46, 53, 55, 57, 62, 65, 95, 108
Sprachperformanz 15, 30, 62, 64, 118, 131
Sprachpragmatik 93, 118, 119, 128
Strukturbaum 53, 54
Strukturalismus 28, 34, 49, 50, 52, 54, 56, 57, 58, 67, 105

tacts 98, 99
Tagmene 33, 50, 51, 55, 94
Taxonomie 122
  des Sprachverhaltens 120
teaching
  expository 112
  guided discovery 112
  signification 131
  value 131
Theorie
  Assoziations- ·67, 107, 108
  Feld- 104, 107, 109
Transfer 15, 30, 33, 35, 36, 61, 64, 68, 73, 79, 80, 84, 88, 106, 107, 109, 119, 121, 126, 127, 129, 131

Übungen 54
  Diskriminations- 131
  Imitations- 102, 131
  remedial 103
  substitution 41, 44, 53, 54, 75, 79, 131
  transformation 42, 43, 45, 121, 131
  trial and error 101, 102, 106, 108, 131
Unterricht
  Frontal- 131
  s-gespräch 117, 118, 123, 131
  s-planung 17
  s-sequenzen 123, 124
  s-zyklus 40, 120, 125, 128
warming up 126
words
  content words 40
  function words 40
  key words 72, 114
  Signalwort 64, 65, 66, 96

Vom gleichen Verfasser ist erschienen:

Englisch / Sekundarstufe I

Unterrichtsplanung und Unterrichtsgestaltung

Band 2: Unterrichtsgestaltung

144 Seiten. Efalin DM 16,80. ISBN 3-403-00700-6

Inhalt

0. *Vorüberlegungen*
0.1 Einführung
　　Die Darbietung der Sprachsysteme und die Einübung der Fertigkeitsbereiche im Rahmen einer Unterrichtseinheit
1. *Schüleroperationen im Ablauf eines Unterrichtszyklus*
1.1 Die Stufe der Kognition
1.2 Die Stufe der produzierenden Operationen
2. *Die didaktische Analyse*
2.1 Die Beschreibung der Ziele eines Unterrichtszyklus
　　Teilkompetenz und Rollenkompetenz
2.2 Die Progression der Lernziele
　　Von den einzelnen Stufen des Sprechhandelns zum Diskurs
2.3 Die Anforderungen an die Inhalte eines Unterrichtszyklus und die Relation zwischen den Inhalten und den „Functions of language"
2.4 Zur Frage der Kontextualisierbarkeit der Inhalte
2.5 Die Differenzierungsmöglichkeiten bei den Lerninhalten
2.6 Lerninhalte und der „context of the situation"
2.7 Die Progression der sprachlichen „skills"
3. *Die methodische Analyse*
3.1 Die Abgrenzung des Unterrichtszyklus
3.2 Die Wahl der Unterrichtsverfahren
3.3 Die Sprachaufnahmephase
3.4 Die Sprachverarbeitungsphase
3.5 Die Sprachanwendungsphase
3.6 Einige Überlegungen zur Unterrichtssprache
3.7 Medienorganisationsplan
4. *Die kritische Nachbesinnung*
4.1 Die einzelnen Aspekte für die Beurteilung einer Stunde
4.2 Der Bezugsrahmen für die Beschreibung einer Stunde
4.3 Möglichkeiten der Binnendifferenzierung
5. *Die sprachlichen Fertigkeitsbereiche im Rahmen der Unterrichtsgestaltung*
5.1 Das Hörverstehen
5.2 Sprechtüchtigkeit
5.3 Das Leseverstehen
5.4 Die Schreibtüchtigkeit
6. *Zusammenfassung und Ausblick*

Literaturverzeichnis

VERLAG LUDWIG AUER DONAUWÖRTH